Renascendo do ódio

Editora EME

Solicite nosso catálogo completo, com mais de 300 títulos, onde você encontra as melhores opções do bom livro espírita: literatura infantojuvenil, contos, obras biográficas e de autoajuda, mensagens espirituais, romances palpitantes, estudos doutrinários, obras básicas de Allan Kardec, e mais os esclarecedores cursos e estudos para aplicação no centro espírita – iniciação, mediunidade, reuniões mediúnicas, oratória, desobsessão, fluidos e passes.

E caso não encontre os nossos livros na livraria de sua preferência, solicite o endereço de nosso distribuidor mais próximo de você.

Edição e distribuição

EDITORA EME

Caixa Postal 1820 – CEP 13360-000 – Capivari – SP
Telefones: (19) 3491-7000/3491-5449
vendas@editoraeme.com.br – www.editoraeme.com.br

WANDA A. CANUTTI / EÇA DE QUEIRÓS

Renascendo do ódio

Capivari-SP
— 2010 —

© 2010 Wanda A. Canutti

Os direitos autorais desta obra foram cedidos pela médium para a Editora EME, o que propicia a venda dos livros com preços mais acessíveis e a manutenção de campanhas com preços especiais a Clubes do Livro de todo o Brasil.

A Editora EME mantém ainda o Centro Espírita "Mensagem de Esperança", colabora na manutenção da Comunidade Psicossomática Nova Consciência e patrocina, junto com outras empresas, a Central de Educação e Atendimento da Criança (Casa da Criança), em Capivari-SP.

4ª edição - dezembro/2010 - 9.501 ao 18.000 exemplares

Capa:
Abner Almeida

Imagem da Capa:
Girl Gathering Flowers,
obra de Pierre Auguste Renoir
Orelha: Foto da médium na juventude

Diagramação:
Saulo Camargo

Revisão gramatical e doutrinária:
Léa Canutti Fazan
Letícia R. Camargo

Revisado de acordo com o
Novo Acordo Ortográfico da Língua Portuguesa

Ficha catalográfica elaborada na editora

Canutti, Wanda A. (psicografia), Espírito Eça de Queirós.
    Renascendo do ódio. Wanda A. Canutti, Espírito Eça de Queirós, (1ª edição, fevereiro/2010), 4ª edição dezembro/2010 – Editora EME, Capivari-SP.
    272 pp.
1 - Romance mediúnico. 2 - Livre-arbítrio e evolução.
CDD 133.9

Sumário

Palavras do autor 7

A vendedora de flores 9

Seria o acaso? 25

A visita 35

Decisão 47

Felicidade 63

A revolução 71

Tragédia 81

Entendimento 93

A volta 101

Subjugação 115

Apogeu 131

Algumas explicações 145

Plano de auxílio..165

Promessa 181

O amor 199

Novas providências 217

O mal pelo bem 235

Entrevista decisiva..247

Renascendo do ódio...259

Palavras do autor

Nenhum livro dos que temos composto, nenhum assunto tratado é feito de modo ocasional ou aleatório, mas escolhido e elaborado com muito cuidado, sempre com o pensamento voltado para o auxílio que pode levar ao leitor, ainda em romagem terrena.

A cada dia, na nossa caminhada neste orbe, somos deparados com situações que nos envolvem de maneira intensa e cruel, para as quais não encontramos explicações. Outras, porém, são criadas por nós mesmos, pelas nossas imprevidências e imperfeições, as quais temos de amargar, depois, com todas as consequências que carregam, seja pelos atos de vingança efetuados por aqueles a quem prejudicamos, seja pela justiça de Deus que recai sobre nós.

Em qualquer caso, precisamos levar em conta, sempre, a nossa própria responsabilidade, e assim ocorrerá até que possamos, um dia, liberados de vícios e mazelas, ter nosso Espírito evoluído e feliz.

Entretanto, enquanto aqui permanecemos pela bênção da vida e da oportunidade concedida por Deus, estamos sob Seus olhos de amor, que nunca nos deixa ao desamparo e tem para nós soluções que nos auxiliam, mesmo que ainda renitentes no mal estejamos.

Para cada caso há sempre uma solução, embora com ela não concordemos e não a aceitemos, mas o Pai sabe o que é melhor para cada um de nós, diante dos sentimentos que abrigamos e das atitudes que tomamos.

Desse modo, não obstante odiando e prejudicando, muitas vezes em razão de termos sido prejudicados em nossos ideais, ainda que não os mais nobres, Deus encontra uma solução para que agressor e agredido, o que sofre prejuízo e o que prejudica, se reencontrem, os acertos sejam realizados, as mágoas esquecidas, fazendo o amor retornar em cada coração, mesmo que, com muito esforço e sofrimento, numa nova oportunidade de amor, tenhamos que renascer do ódio.

Eça de Queirós
Araraquara, 13 de março de 1996

CAPÍTULO 1

A vendedora de flores

A cada manhã em que as sombras da noite se retiram, dando lugar ao brilho do Sol com seus raios aquecedores e estimulantes da alegria e do trabalho, nova oportunidade é colocada à disposição daqueles que, neste orbe, se encontram em tarefas enobrecedoras ou em resgates dolorosos.

Cada ente encarnado na Terra, aqui não está por acaso. Sua vinda foi o resultado de estudos, programações e de uma preparação intensa e, às vezes, extensa, para que a possibilidade de falhas seja a menor possível.

Aqueles que já adquiriram uma certa evolução e se encontram no Mundo Espiritual em trabalho, esforçam-se e cuidam para que os que devem retornar, não cometam faltas, mas progridam. Felizes ficam quando a margem de erros é tão insignificante que não chega a afetar as bases do plano realizado. Todavia, muito mais felizes sentem-se, quando, ao confrontar o plano com as ações praticadas, verificam que elas vão além, que eles procuraram, por si mesmos, acrescentar tarefas em favor de outrem, e muito estudo em seu próprio favor.

Entretanto, nem sempre assim acontece. Há aqueles que são bem preparados, que prometem e estudam, mas, em aqui chegando, esquecem-se de tudo, porque as imperfeições que um dia fizeram parte de seus Espíritos, retornam, modificando as suas promessas, e assim, ao invés de dirimirem erros, de resgatarem débitos, comprometem-se mais.

Todas essas diversidades são encontradas na Terra entre os encarnados e, se também o somos, não raro temos que conviver com a delinquência e o vício, que espalham sofrimento e dor a muitos. Em primeiro lugar, porém, analisemos a nós mesmos e verifiquemos em qual dos aspectos citados nos encontramos.

Como saberei, perguntarão!

É muito fácil! Cada um sabe exatamente as disposições do seu íntimo, o que ele o impele a realizar e o que o faz rejeitar. No entanto, sejamos nós como formos, procuremos sempre o melhor para nós mesmos.

Se conhecemos Jesus e nos esforçamos para aplicar os seus ensinamentos, porque já compreendemos as verdades espirituais reveladas por Ele, com tudo o que nos aguarda, cuidemos para nunca nos desviarmos do caminho que descobrimos como o melhor e o mais rápido que nos leva ao Pai. Nem sempre é o mais fácil, mas posso lhes assegurar, é o que mais alegrias nos trará.

Nunca olhemos para os lados para descobrir se há algum atalho nos oferecendo mais atrativos, mas olhe-

Renascendo do Ódio | 11

mos, sim, procurando algum irmão caído a fim de lhe estendermos a mão e levantá-lo, ajudando-o a caminhar conosco. Entretanto, se ainda não conseguimos, no nosso percurso, erguer nenhum irmão decaído, esforcemo-nos para que não sejamos nós aquele que espera alguém para nos reerguer, por todas as quedas nas quais nós mesmos nos atiramos.

Piores condições revelam os que se atiram ao chão pelas próprias imprevidências, e não desejam ser levantados. Todas as mãos que sempre lhes são estendidas, voltam vazias, porque o reerguimento significa a renúncia a todos os vícios nos quais eles desejam prosseguir.

Ah, nenhum se lembrou ainda da dor que um dia terá que sofrer, por ter aproveitado mal a dádiva celeste como oportunidade redentora.

Se cada encarnado na Terra, mesmo tendo errado, compreendesse as suas responsabilidades como Espírito eterno e procurasse esquecer um passado de erros, esforçando-se para progredir através da modificação de si mesmo, em pouco tempo a Terra se transformaria num lugar de paz e felicidade.

Colocado que foi, de forma sucinta, o que nós mesmos precisamos buscar para nossa vida como encarnados, podemos ir chegando, aos poucos, ao local onde nossa história terá início, e, com o mesmo cuidado, adentrando uma residência suntuosa, edificada no ponto mais central de uma importante cidade de França. Da gloriosa Paris dos anos em que a arte, as letras, enfim, a cultura em geral, fazia dela um local importante de progresso e fama, mas

12 | **Wanda A. Canutti** pelo espírito *Eça de Queirós*

cujos habitantes estavam ainda submetidos ao mando de uma família real.

A casa é grande e confortável. O proprietário, dono da moradia e senhor da família, já avançado em anos, recebera-a de seus antepassados, juntamente com um grande patrimônio. Zeloso de seus bens e aplicado nas suas realizações, não só soubera fazê-lo conservar, mas crescer ainda mais.

Quando ele partisse para sempre, seus familiares, uma prole constituída de dois rapazes e uma moça mais amadurecida, a primogênita, todos ficariam em excelentes condições financeiras, desfrutando de uma vida tranquila, se soubessem, à maneira do pai, conservar o espólio recebido e também fazê-lo aumentar. A esposa do respeitado senhor já havia retornado ao Mundo Espiritual há alguns anos, deixando uma lacuna no lar e no coração de cada um de seus membros.

Como a vida deve continuar para os que ainda permanecem, eles foram se amoldando ao que era inevitável, e, com o passar dos anos, ela era apenas uma terna lembrança.

Os dois rapazes tiveram do pai a oportunidade da instrução e do requinte que a educação pode proporcionar a cada um, assim como também a jovem, dentro do que era possível e recomendado para a época, tanto pelo dinheiro que possuíam quanto pela posição que desfrutavam perante a nobreza do país.

Muitas vezes compareciam em palácio, atendendo a convites para festividades e, entre os nobres, eram muito bem conceituados.

A moça, sem esperanças de também constituir sua própria família, através de uma união de amor, tivera duas oportunidades perdidas. A primeira quando, recém saída da adolescência, se apaixonara por um rapaz de boa índole, mas que nada possuía de seu para oferecer-lhe e foi recusado pelo pai. De outra feita, um cavalheiro bem posicionado na alta estirpe familiar francesa, faltando-lhe apenas um título de nobreza para aumentar ainda mais seus dotes de bom partido, interessou-se por ela, mas, como já era entrado em anos e não possuía nenhum dote de beleza que atrai e conquista corações, ela não o aceitou.

Tendo perdido as esperanças de também ter o seu lar, e convivendo num meio masculino, sem a companhia da mãe nem de nenhuma irmã ou parenta mais próxima, era triste e amarga. Se atentarmos bem para o seu coração, encontraremos nele muita bondade, mas a vida não lhe fora favorável, a não ser no conforto que lhe proporcionava, e ela ressentia-se da solidão.

Entendia-se muito bem com o pai, e não tão bem com um dos irmãos, por não concordar nem aceitar o seu comportamento. Com o outro tinha mais afinidades mas pouca convivência. Os rapazes têm outros objetivos e ele não dava muita atenção à irmã, de quem gostava, mas não lhe fazia companhia, por não entender as suas necessidades. Sempre fora correto nas suas ações e interessava-se pelos negócios do pai, auxiliando-o sempre que solicitado.

Aline, esse era o seu nome, sentia-se, pois, desesperançada e triste, mas vivia no lar, tomando

14 | **Wanda A. Canutti** pelo espírito *Eça de Queirós*

as providências e cumprindo as obrigações que lhe competiam, como única senhora da casa. Não cuidava do serviço rotineiro em si, que para isso possuíam muitos criados, mas era responsável pelas orientações e pela supervisão, para que nada falhasse e não aborrecesse o pai.

O velho senhor, bastante idoso, pois, ao unir-se em matrimônio, embora forte e vigoroso, já não era tão jovem, ainda sobreviveu à esposa que, acometida de uma enfermidade fatal, o deixara muito cedo. Com o transcurso do tempo, os anos pesavam-lhe mais, o vigor físico foi ficando comprometido, e ele não conseguia rechaçar a moléstia que insistia em penalizá-lo.

A vida de Aline ficou circunscrita aos cuidados com o pai, e o período que passaram a viver no lar, não era nada agradável. Ela, que sempre convivera bem com ele, não obstante mais assoberbada pelas tarefas, receava perdê-lo.

Quando ele os deixasse, sua vida passaria a ser mais solitária e triste. Esperava que o pai se restabelecesse, contudo, estava difícil. Cada vez mais seu organismo se depauperava, apesar de todos os cuidados com o tratamento. E, numa manhã em que o inverno se anunciava, trazendo as primeiras neves da estação, ele, como que não desejando esperar para sofrer-lhe as agruras, despediu-se da vida, partindo para sempre.

Aos irmãos de Aline, pelas próprias características do Espírito, que dizem, os homens sentem de modo diferente ou não demonstram sentir, pareceu que a partida do pai não lhes abalou muito.

O controle dos negócios relativos às propriedades

que lhes mantinham o sustento com bastante conforto e prestígio, passara, há tempos, às mãos do filho mais velho, de nome Luís, pois o mais jovem não era confiável pela sua própria índole. Ele não chegava a ser um estroina, mas gostava de aproveitar a vida em reuniões, festas e amores inconsequentes. Uma responsabilidade dessa natureza, em suas mãos, poria em risco a sobrevivência de todos.

Luís ainda não havia se casado e muitos pais olhavam--no com olhos cobiçosos e esperançosos, para marido de suas filhas, mas ele, até então, não havia mostrado preferência por nenhuma, pelo menos que alguém soubesse. Olhava a todas com respeito e mesuras, como a lhes dar esperanças, mas eram passageiras.

O que ninguém sabia era que o seu coração já havia feito a escolha, embora ele nada pudesse dizer. A jovem que tomava seus pensamentos, colocando-se também em seu coração, não pertencia à classe social da sua família, por isso nunca se atreveu a referir-se a ela a ninguém.

Conhecera-a há não muito tempo, quando, em sua carruagem, andando pelas ruas de Paris, viu, num recanto central da cidade, uma jovem muito bonita, vendendo flores. Teve a sua atenção despertada para ela, tão linda na sua simplicidade. Sua tez era alva como o avental que trazia, os cabelos longos e claros, os olhos muito azuis.

Ele não resistiu àquela aparência tão extraordinária em beleza, e ordenou ao cocheiro que parasse a carruagem diante dela. Olhou-a profundamente, deixando-a encabulada e estática na sua ação de chegar até ele, oferecendo-lhe os seus ramalhetes. Logo partiu sem levar as flores que podia ter adquirido, mas retinha no pensamento a flor mais bela que seus olhos já haviam visto, ao lado de outras flores que não se lhe comparavam em beleza.

A jovem ficou impressionada com aquela atitude e aquele olhar, e deixou-o ir sem sair do lugar, retendo também, para a alegria do seu coração, a figura do jovem de aparência requintada.

Ah, depois daquele dia, quantas vezes Luís passou pelo mesmo local, sem parar e sem deixar que ela o visse para não assustá-la, arriscando-se a perdê-la de vista.

Mas tanto ela havia crescido em seu pensamento, tomando-o em todos os minutos, que, após alguns dias, pediu ao cocheiro que parasse a carruagem à distância para não constrangê-la, e foi se achegando a pé, como um transeunte qualquer à procura de um ramalhete de flores.

Ela, que retivera todos os detalhes da sua fisionomia, reconheceu-o logo e sobressaltou-se. Ele, porém, educado, parou como que a olhar as flores para escolher algumas, e, após algum tempo, tomando um ramalhete escolhido como o mais belo entre todos, pagou, e, pela primeira vez, dirigindo-lhe a palavra, perguntou-lhe:

— Vivendo entre as flores e levando a alegria ao coração de muitas senhoras que as recebem, a senhorita já teve, também, essa mesma alegria de ser presenteada com um ramalhete?

Estranhando a pergunta, e encabulada, nada lhe respondeu, mas ele prosseguiu:

— Deve estar surpresa pela minha pergunta e indagando-se: como receber flores se as vendo, não é mesmo?

— Como sabe? — aventurou-se ela a perguntar.

— Não sabia, imaginei! E por ter assim percebido é que desejo oferecer-lhe este ramalhete, o mais belo que escolhi, entre todos.

— Não posso aceitar, senhor! Estou aqui para vender flores e não para recebê-las!

— Pois estas são suas! Não as venda! Guarde-as como a lembrança daquele que há muitos dias a vem observando e admirando, e não via outra forma de se aproximar!

Enquanto falava, estendeu o delicado ramalhete à jovem que, timidamente o tomou e, com as duas mãos, aconchegou-o ao peito.

— O que significa esse gesto? — indagou ele com alegria.

Ela levantou os olhos, fixou-os nos dele, sem lhe dar resposta.

— Diga-me, por que levou as minhas flores junto do seu coração?

— Porque o senhor está sendo muito delicado comigo! É a primeira vez que recebo flores! Sempre volto para casa com a minha cesta vazia, mas hoje levarei este ramalhete e o guardarei como uma lembrança sua.

— Agora deixou-me feliz!

— Por que me procurou, senhor? Vê que sou uma simples vendedora de flores, e o senhor, um cavalheiro importante! Não se divirta às minhas custas! Respeite a minha vida de jovem do povo!

— Quem não a está respeitando? Não me consta que oferecer flores a alguém seja um ato de desrespeito!

18 | **Wanda A. Canutti** pelo espírito *Eça de Queirós*

— Tenho medo!

— Medo de quê? Não estamos em público, em meio a tantas pessoas passando por nós? O que lhe farei eu? Fui despertado pela sua beleza e não resisti ao impulso de me achegar e lhe falar. Não vi outra forma! Eu a respeito e muito, porém, vejo que, por hoje, nada mais devo dizer-lhe. Permita-me voltar outras vezes para vê-la! Agora que estive tão próximo e lhe falei, não conseguirei mais ficar sem vê-la, pelo menos uma vez ao dia.

Ela abaixou a cabeça, e ele, sem mais nada acrescentar, retirou-se, deixando-a com o coração ainda sobressaltado, sem conseguir se recompor.

Há tanto tempo comparecia naquele local para o seu trabalho e, com ele, amealhar algum dinheiro para colaborar nas despesas da família, mas nunca, nenhum incidente semelhante lhe havia acontecido.

Quem iria se importar com uma simples vendedora de flores, senão para comprar-lhe algumas a fim de presentear aquela que já trazia no coração como a sua escolhida?

Aquele cavalheiro fora despertado pela sua beleza, que ela sabia possuir, conquanto nunca, nenhum pensamento a levara mais alto do que suas próprias condições permitiam.

Ela sonhava com a chegada do seu amor, como todas as jovens, mas esperava alguém da sua classe — trabalhador simples, porém honesto nas atitudes. Agora seu coraçãozinho incipiente no amor estava sobressaltado. Teria ele se impressionado com o cavalheiro elegante que lhe dirigira galanteios e lhe oferecera um ramalhete de flores, as mais delicadas vendidas por ela e as que mais lhe agradavam?

Não tivera coragem de dizê-lo, todavia, diariamente, ao preparar os ramalhetes das pequeninas flores, pensava, indagando-se: — que mãos as receberão, que coração se alegrará em tê-las consigo? — E naquele dia, ela mesma fora presenteada com um deles... Teria, o coração do cavalheiro, compreendido que aquelas eram as suas preferidas, ou também seriam as dele?

Tão enlevada estava nos seus próprios pensamentos, que não conseguia mais oferecer nenhuma flor a ninguém, até que foi despertada por alguém querendo comprar algumas.

Ninguém que fosse recebê-las, pensava, poderia estar mais feliz que ela mesma. Ah, mas aquela felicidade e ternura que lhe invadiam o coração, poderiam trazer-lhe muita dor no futuro, se não retirasse logo da mente aquelas lembranças. Nenhum cavalheiro elegante e rico, conforme ele aparentava, se interessaria por ela a não ser para iludi-la e divertir-se...

Lembrava-se, naquele momento, das advertências da mãe, para que ficasse atenta e fosse cuidadosa, pois, mais dia, menos dia, ela seria importunada por algum homem, atraído pela sua beleza. Era preciso saber manter-se firme para resguardar o seu coração e a sua pureza, de sofrimentos futuros.

Assim pensando, decidiu que deveria mudar de lugar. Sim, na manhã seguinte, escolheria um outro ponto onde também houvesse bastante transeuntes e se instalaria, precavendo-se contra problemas futuros. O cavalheiro elegante e atencioso nunca mais a encontraria. Sua mãe tinha razão. Rico só olha para pobre para ver o que pode conseguir dele, seja em trabalho, seja em diversão, e depois abandona-o à sua própria sorte e vai em busca de novas atrações.

Tomada essa decisão, veio-lhe a dúvida se deveria levar ou não o pequeno ramalhete que ele lhe oferecera. Certamente que não! Seria levar consigo a continuidade das lembranças que ela precisava esquecer, antes que tomassem todo o seu coração.

Entristecida pelas decisões, mas feliz por serem as acertadas, terminou a venda das flores e, ao partir, colocou, num cantinho resguardado, rente à parede onde ela mesma se apoiava, às vezes, para suavizar o cansaço, o pequeno ramalhete, impedindo os transeuntes de o macularem com seus pés apressados. Poderia até tê-lo vendido novamente e fazer com ele mais algum dinheiro, mas não seria correto.

Levando a cesta vazia, um pouco de cansaço e algum dinheiro para aplacar a fome dos que a aguardavam em casa, e a sua própria, ela partiu, caminhando mais vagarosamente que nos outros dias, como se não quisesse se afastar do local que lhe trouxera tanta ternura, mas que lhe era também uma ameaça.

Em casa, a mãe esperava-a sempre preocupada. Os irmãos, três ao todo, eram mais novos. Os dois mais velhos saíam em busca de algum trabalho esporádico que pudesse lhes aparecer, rendendo, também, algum dinheiro. O mais novo quase sempre ficava em casa com a mãe.

O pai, esse já havia sido levado por uma enfermidade prolongada que desarticulara o orçamento familiar, controlado com o resultado do seu trabalho, e, por isso, a família tomara novos rumos.

Os filhos poderiam ter tido mais instrução e uma vida melhor. A jovem, que não precisaria ter saído para trabalhar, mas apenas aprender as artes necessárias à melhor condução do futuro lar e da sua família, quando se casasse, fora obrigada a também contribuir com a sua parcela de dinheiro.

A mãe lamentava-se, às vezes, por vê-la tão exposta aos perigos oferecidos pela cidade, porém, não havia outro jeito.

— Gosto de trabalhar com as flores, mamãe! Eu tenho sorte, sempre as vendo todas e volto cedo, podendo ainda ajudá-la nos serviços da casa. Pior seria se tivesse de ficar o dia todo fora, fazer algum serviço pesado e ser até maltratada.

— Mesmo assim, não era o que sonhávamos para você, minha querida! Seu pai sempre teve muito orgulho da sua filha e queria para você, o melhor! — Ela é muito bonita e ainda fará um bom casamento. — dizia ele.

— Nós a prepararemos para ser uma boa esposa e uma boa condutora do lar! — Ah, os sonhos de seu pai eram tão bonitos, mas a realidade surpreendeu-o com a doença, e a nós, com a sua partida e a miséria em que ficamos!

— Tudo irá melhorar! Quando os meninos crescerem mais e tiverem um emprego fixo, nossa vida será melhor, e talvez eu não precise mais sair para vender flores! Não porque não goste, mas para deixá-la mais tranquila!

CAPÍTULO 2

Seria o acaso?

Ah, os sonhos das jovens sempre são grandiosos e todas esperam seu príncipe!
Helena, entretanto, sabia das suas condições, do quanto o seu trabalho era necessário, e, sem querer levar mais problemas para a família e para si própria, a sua resolução foi tomada.

Todos os dias, no fim da tarde, ia em busca das flores e deixava os pequenos buquês preparados e bem acondicionados para conservar-lhes o frescor, e, na manhã seguinte, era só colocá-los na cesta e partir para as vendas.

Depois do ocorrido, porém, deveria deixar o ponto onde sempre estivera e lhe dera sorte. Nunca levara nenhuma flor de volta! Alguns até eram fregueses e procuravam-na com frequência.

Lamentou por eles, mas era necessário. Outros fregueses viriam e os costumeiros poderiam encontrá-

24 | **Wanda A. Canutti** pelo espírito *Eça de Queirós*

-la no lugar onde se instalaria. Onde? Ainda não sabia! Deveria ser cautelosa no procurar, porque não poderia voltar para casa sem levar algum dinheiro.

Na manhã seguinte, tomou sua cesta e um rumo diferente. O centro de Paris era grande e algum outro lugar haveria que também lhe desse sorte.

Cruzou algumas ruas, olhando, olhando, procurando, até que um ponto encontrou. Como se alguém lhe dissesse, é aqui, ela exclamou:

— Sim, é neste lugar que ficarei! Talvez muitos estranhem encontrar aqui uma vendedora de flores, mas parece-me um bom lugar e eu conseguirei vendê-las todas!

Tendo perdido algum tempo com a procura, Helena começou as vendas um pouco mais tarde e, por isso, tinha que ser diligente para não voltar para casa levando sobras. Assim, linda como sempre, com um ramalhete na mão, ela ia ao encontro das pessoas para oferecê-lo.

Alguns compravam, alguns cavalheiros lhe dirigiam gracejos, mas ela, como se não ouvisse, prosseguia na sua tarefa.

Luís saíra de casa logo cedo para resolver negócios, procurar pessoas com as quais tinha interesses financeiros e, ao se desocupar, não voltaria sem ir ver, nem que fosse por alguns instantes, aquela que já dominava os seus pensamentos, começando a achegar-se ao seu coração.

Como no dia anterior, deixou a carruagem a certa distância, e, misturando-se com os transeuntes para surpreendê-la, foi caminhando com os olhos fixos no ponto onde ela deveria estar.

— Não há ninguém lá! O que aconteceu? Por que ela não veio? — perguntava-se enquanto caminhava, esperando não estar enxergando bem, ou descobri-la escondida por algum transeunte, até que chegou ao local esperado.

Sua surpresa foi maior do que imaginava. Ninguém ali estava, mas, no cantinho onde ela deixara, avistou o pequeno ramalhete com o qual ele a presenteara, já fenecido, mas intacto.

Uma tristeza invadiu seu coração. — Então ela recusou até o meu presente, e não veio para não me ver! Onde a encontrarei agora? Ela me fugiu... — assim pensando, abaixou-se, tomou o pequeno ramalhete e dirigiu-se para sua carruagem, levando-o. Nada lhe restava fazer, senão voltar para casa. Durante o percurso, olhava em todas as direções, ansiando por vê-la.

Ao aproximar-se de sua residência, divisou, na esquina, alguém que lhe chamou a atenção. Seu coração sobressaltou-se de felicidade. Era ela! Ela fugira dele mas o destino a levara bem perto da sua casa.

A distância era tão pequena que ele nada disse, nem ordenou ao cocheiro que parasse. Não era preciso.

Defronte à sua casa, contudo, ele ordenou:

— Pode guardar a carruagem, que vou resolver alguns problemas por aqui mesmo!

Vagarosamente caminhou até ela, sem ser visto de pronto. Quando estava bem próximo, ela, vendo-o, assustou-se.

Estendendo-lhe o ramalhete fenecido, ele indagou:

— O que significa isso? Por que recusou o meu

presente? Ontem me pareceu tê-la agradado! Por que o colocou contra o peito, aconchegando-o, para depois desprezá-lo?

Sem saber o que dizer, e ainda surpresa, respondeu apenas:

— Era preciso!

— Preciso por quê?

— O senhor não compreende a minha condição? Sou moça pobre, a minha família precisa do meu trabalho e eu não posso ter sonhos acima das minhas possibilidades!

— O que quer dizer com isso?

— O senhor compreendeu-me bem!

— Por isso mudou de lugar? Eu a procurei e, quando vi as flores que lhe dei, no chão, fiquei muito triste.

— Era preciso, já lhe expliquei!

— Ainda não compreendi!

— Coloque-se no meu lugar e entenderá!

— O que estou entendendo, está me deixando muito feliz!

— Explique-se melhor!

— É muito simples! Se você quis fugir é porque eu toquei seu coração! O destino, todavia, me está sendo muito favorável!

— Poderei encontrar um outro lugar!

— Se pretendendo fugir, você mais se aproximou, é porque não deve fugir mais! A Providência enviou-a bem perto de mim, porque não devemos ficar separados.

— O que está dizendo?

Sem nenhuma palavra, ele fê-la voltar-se e, indicando

uma bela e suntuosa residência a poucos passos dali, indagou-lhe:

— Vê aquela casa? Aquela que tem uma carruagem parada à sua frente, e cujo cocheiro está conversando com outro senhor?

— Sim, vejo!

— Pois é lá que moro! Desejando distanciar-se, você chegou bem mais perto de mim! Pense nisso! Em qualquer lugar que vá, eu a encontrarei sempre. Não fuja mais de mim! Eu tenho-a no meu pensamento o dia todo e, à noite, sonho com você num lugar cheio de flores, entre as quais você é a mais bela!

Surpresa e um tanto sobressaltada, Helena não conseguiu dizer nada. Após algum tempo, contudo, exclamou meio tímida:

— Amanhã voltarei para o meu antigo lugar de vendas! Aqui não poderei ficar!

— Prometa-me não fugir mais de mim e permita-me ir vê-la!

— Penso que, depois de hoje, não poderei mais impedir! Deus é prova de que tudo fiz para afastar-me do senhor, mas o destino parece não desejar!

Para não importuná-la mais nem atrapalhar-lhe a venda, ele despediu-se, afirmando que, no dia seguinte, iria vê-la. Antes de se retirar, porém, exclamou:

— Nem seu nome eu sei!

— Chamo-me Helena.

Helena estava perplexa pelo acontecimento. Tanto quisera fugir daquele cavalheiro, cujo nome também não sabia mas já lhe era tão importante, e fora parar quase defronte à sua casa.

28 | **Wanda A. Canutti** pelo espírito *Eça de Queirós*

Teria sido o destino, avisando-a de que não deveria fugir mais? Teria sido ele, querendo dizer que lhe guardava muita felicidade, numa vida melhor e de muito amor?

Mas quem era ela para merecer tanto? E se o cavalheiro, cansado das aventuras proporcionadas pelo dinheiro, estivesse procurando novas sensações, e, para isso, nada melhor que assediar uma moça pobre, que diziam, era muito bonita?

Entretanto, se assim pensasse e fugisse, nunca saberia se ele estava sendo sincero. Era necessário se dar essa oportunidade, mesmo que o sofrimento, depois, fosse muito grande. — E se não o fosse?... Se fosse feliz, realizando um sonho de amor?

Ela cuidou de vender as flores que restavam, mas sempre lançando um olhar na casa indicada por ele. Com quem moraria? Como seria a sua família? Com certeza, ele nada tinha a esconder, do contrário nunca lha mostraria! Sim, ela deveria confiar! A carruagem não estava mais lá! Teria, a sua família, uma carruagem à disposição para o seus serviços particulares? Então era verdade, ele era um cavalheiro rico e bem posicionado socialmente! Ah, ela não deveria sonhar tão alto!

Terminada a venda, Helena tomou sua cesta, já bem mais tarde que nos outros dias, e foi para casa. O percurso também era mais longo, e sua mãe deveria estar preocupada. Caminhando e pensando, resolveu nada esconder dela. Contar-lhe-ia tudo, desde o dia em que ele parara defronte seu ponto de vendas só para vê-la, até o acontecimento do dia anterior, completando com a narrativa do ocorrido naquele dia. Ela ficaria mais preocupada, mas de nada deveria ficar alheia. Se ele continuasse a lhe demonstrar interesse, ela precisaria saber.

O que a jovem não sabia, era o que estava acontecendo a pouca distância do seu caminhar vagaroso. Uma carruagem bem posicionada, cuidando para não se deixar ver, seguia-a lentamente. Parava, vez por outra, sem perdê-la de vista, em seguida avançava mais um pouco, até que a viu entrar numa casa simples, bem afastada do centro da cidade. O cocheiro reconheceu tratar-se de um bairro que abrigava grande número de operários, simples, pobres, mas todos trabalhadores.

Que carruagem seria aquela, seguindo-a, apenas observando sem molestá-la, sem se aproximar muito, para não despertar atenção?

Luís, assim que deixou Helena, ainda encontrou o cocheiro conversando diante de sua casa e, chamando-o, ordenou-lhe que a seguisse a distância, verificasse onde ela morava e guardasse bem o local. Todavia, para não despertar nenhuma suspeita, que se retirasse dali e se colocasse em outro lugar sem perdê-la de vista.

— É muito importante o que irá fazer e cuide para não falhar!

— Estarei atento, senhor! Pode confiar em mim!

O receio de que ela novamente lhe fugisse, era grande. Enquanto apenas mudasse de lugar, mesmo sendo mais difícil, ele a encontraria, porém, se, temerosa, não voltasse mais, ele não teria nenhum indício para encontrá-la. Por isso era preciso assegurar a possibilidade de continuar a vê-la, de falar-lhe, de conhecer seus familiares, de levá-la até a conhecer sua casa, sua irmã...

Mas, qual a razão de todos esses pensamentos, indagava-se a si mesmo. — Esses, são cuidados de quem pretende se casar!... — Sim, por que não? Se cada vez mais ela se adentrava no seu coração, tomando-o por completo; se cada vez que lhe falava, mais se encantava com seu modo de ser, e mais a sua beleza o atraía, por que não pedi-la em casamento?

Talvez surpreendesse os seus familiares, e muito mais os de Helena, porém, o importante, o que lhe daria crédito, era o seu amor. E eles, acreditariam nesse sentimento? Se falasse em casamento, ninguém duvidaria. Se falasse aos pais dela, demonstrando não só o amor que sentia, mas o respeito que ela merecia, com certeza seria acreditado.

Sem despertar nenhuma suspeita, a carruagem prosseguiu e passou pelo local onde ela entrou. O cocheiro observou bem, verificando tratar-se de uma casa humilde mas bem cuidada, e teve a precaução de anotar o número. Mais adiante, fingindo-se perdido, perguntou a alguém o nome da rua.

Tudo saíra conforme o seu senhor ordenara. Só lhe restava regressar, levando-lhe as informações. Talvez ele ainda estivesse em casa, aguardando com ansiedade.

De fato, depois da ordem dada, Luís entrou e não saiu mais, causando estranheza à sua irmã. Entre Helena terminar as vendas e partir, até chegar à sua casa, andando vagarosamente como quem vai sonhando ou acalentando pensamentos, algumas horas haviam passado.

Sentado em seu gabinete de trabalho, envolto por papéis que retinha nas mãos, sem, contudo, atentar para o que significavam, Aline o encontrou, ao procurá-lo.

— O que está acontecendo, Luís? Vejo-o tão absorto, nem me viu entrar!

Voltando o pensamento da presença tão querida da jovem, ele sobressaltou-se.

— O que houve? — indagou ele.

— Eu é que pergunto! Nunca o vi tanto tempo em casa!

— Não é verdade! Sabe que às vezes preciso resolver alguns assuntos, e é aqui que os coloco em ordem para depois tomar minhas providências.

— Pareceu-me ter o pensamento longe!

— Impressão sua! O que deseja?

— Precisamos conversar a respeito de Cláudio, nosso irmão, mas não é por isso que vim! O cocheiro manda dizer que tem um assunto para lhe falar.

— Mande-o entrar imediatamente! — exclamou ansioso. — Eu o esperava! Ele foi realizar um serviço para mim e deve ter a resposta! Vá logo, não demore!

— Deve ser muito importante, pela sua ansiedade! Eu irei, mas não se esqueça de que precisamos conversar!

— Está bem, está bem!...

Aline saiu e logo o cocheiro compareceu diante dele, entregando-lhe um papel onde havia anotado o nome da rua e o número da casa.

— O lugar é muito pobre?

— É onde moram trabalhadores, como eu próprio!

— Já conhecia aquele local, fica muito longe daqui? — indagava sofregamente.

— Nenhum bairro é tão próximo! O lugar pareceu-me agradável. A casa onde a vi entrar é simples mas bem cuidada. Seu pai deve ser o proprietário! É casa de gente trabalhadora!

— Muito obrigado pelo seu serviço!

Retirando do bolso algumas moedas, entregou-lhas em agradecimento.

— Faço o meu trabalho, senhor, e já recebo por ele! Não é justo que me dê mais dinheiro por cumprir minha obrigação.

— Prestou-me um grande serviço, por isso sou-lhe grato!

À retirada do cocheiro, Luís olhou muitas vezes para aquele papel, e tinha uma vaga noção do lugar. Guardou muito bem guardado, para o momento necessário. Por enquanto, esperaria a reação da jovem. Se ela voltasse às vendas, mesmo no seu antigo posto como lhe dissera, aquele endereço não precisaria ser utilizado logo; porém, se fugisse, ele não vacilaria em ir ao seu encontro.

Assim que Helena chegou a casa, tomou sua refeição, que há muitas horas não se alimentava, e deitou-se um pouco para descansar. Os irmãos não estavam, como sempre, e só voltariam no fim da tarde. A mãe, tendo terminado os seus afazeres, sentou-se ao lado da filha, dizendo-lhe:

— Esperávamos um futuro melhor para você! Entristeço-me ao vê-la sair todos os dias para o trabalho, mas, não fosse ele, não sobreviveríamos. Mesmo assim, muito nos falta e temos que ser parcimoniosos nas nossas despesas, para que não nos venha a faltar o necessário.

— Já falamos muito sobre isso, mamãe! Não há outro jeito, a não ser que eu fosse trabalhar como criada em alguma casa rica!

— Seria pior! Você não suportaria a carga de trabalho e, talvez, até fosse maltratada. Os ricos não se importam com os pobres! Só desejam tirar deles o trabalho, sem consideração alguma. Os ricos são impiedosos!

— Tenho dúvidas de que todos os ricos sejam assim como diz!

— O que sabe deles para duvidar?

— Tenho uma história para lhe contar, que vem ocorrendo há alguns dias, e, como nunca escondi nada da senhora...

— O que houve? Assusta-me! De que se trata!

— Nada houve de mal, mas precisa saber!

Detalhadamente, Helena começou a narrar desde a primeira vez em que o rico cavalheiro parara a carruagem diante dela, observara-a atentamente e seguira, até o fato da véspera, quando ele lhe falara e lhe dera um ramalhete de flores. Completou, dizendo da necessidade que sentiu de mudar seu posto de vendas, indo parar quase diante da casa dele.

A mãe ouvia atentamente sem interromper, a fim de não desviar a linha do pensamento da filha, evitando a omissão de fatos, contudo, ao vê-la terminar, exclamou:

— Se antes me preocupava, agora me preocuparei muito mais!

— Não tem razão para isso! Sei me cuidar! Depois, trabalho em público e nada me acontecerá!

— Ele poderá segui-la, filha!

— Pelo que pude observar, ele não tentará nada menos digno! Encantou-se comigo e tem me respeitado! Nunca me disse nada que demonstrasse desrespeito!

— Mesmo assim não vou mais deixá-la ir só!

— Como!? Quem irá me acompanhar?

— Seu irmão mais novo far-lhe-á companhia! Assim ele verá que é uma moça de família! Ele sabe que não tem mais seu pai?

— Nunca conversamos nada além do que lhe contei!

— Então é bom que não saiba! Sempre é mais uma forma de ter o seu respeito! As moças bonitas como você e pobres, são mais vulneráveis aos ataques dos conquistadores sem escrúpulos.

— Ele não me pareceu sem escrúpulos! Aparenta ser um perfeito cavalheiro!

— É sempre assim que se apresentam de início, até conseguirem o que desejam! Depois se revelam tais quais são, deixam a jovem na desgraça e não voltam mais!

— Continuo a afirmar que ele não é assim, e não precisa ninguém me acompanhar! Se o nosso pequeno for comigo, será algum ganho a menos!

— Ele pouco faz com seus irmãos, quando está com eles! É mais uma forma de ir aprendendo, mas agora é em sua companhia que ele vai ficar!

— Se isso a tranquiliza, nada tenho a me opor!

CAPÍTULO 3

A visita

O cavalheiro elegante passou a fazer parte dos pensamentos de Helena, sobretudo depois dos sucessos do dia. Era-lhe impossível não pensar nele, nas suas palavras, na sua insistência. Sua mãe tinha razão em mandar o irmão para fazer-lhe companhia. Não que temesse por si própria, mas dar-lhe-ia a certeza de que ela possuía uma família e merecia respeito.

No fim da tarde, preparou seus ramalhetes, depois de ir buscar as flores de quem delas cuidava desde os primeiros grãozinhos da semente, até surgirem viçosas e lindas, mostrando suas formas e cores, para alegrar o coração de alguma senhora rica.

Na manhã imediata, logo cedo, ela partiu, levando o irmão que não se agradou da incumbência. Preferia ficar com os irmãos, mas ordem da mãe não era discutida, e lá iam os dois, até que chegaram ao ponto onde ela sempre estivera.

— O que farei eu aqui com você, parado esse tempo todo? — indagou o pequeno.

— Ajudar-me-á a vender as flores, e, talvez, voltemos mais cedo para casa.

— Eu não sei vender flores!

— Logo aprenderá! Quando vir se aproximar algum cavalheiro elegante, ou quando alguma carruagem parar nas imediações, você os abordará, levando um ramalhete para lhes oferecer. Poucos deixam de comprar! Se você se sair bem, poderemos até trazer mais e ganhar um pouco mais de dinheiro.

O menino nada respondeu, mas faria como a irmã lhe recomendara. Ela lhe deu um pequeno ramalhete, estimulando-o a iniciar sem perda de tempo.

A manhã caminhava, e o pequeno, esperto pela vivência com os irmãos, ajudava bastante e, muito antes do horário habitual, todas as flores estavam vendidas.

— Amanhã você me ajudará com a cesta e traremos mais!

— Agora vamos embora?

— Nada mais nos resta a fazer aqui!

Helena olhava para todos os lados, atenta a qualquer carruagem que se aproximava, mas o cavalheiro que lhe interessava, não tinha surgido. Ele prometera vir e ela até se esmerara um pouco mais no arrumar-se, porém... Sem mais esperar, chamou o irmão e retiraram-se.

Mais tarde, ainda no horário costumeiro de Helena ali estar, Luís chegou, não encontrando ninguém. Decepcionado, tendo deixado a carruagem a uma certa distância, foi caminhando de volta, mas lembrou-se de perguntar por ela a outras pessoas que também faziam seus negócios pelas imediações, obtendo a informação de que ela comparecera com um menino, mas já se retirara.

Mais aliviado, no dia seguinte viria mais cedo para não perdê-la de vista e alegrar seu coração com a sua presença.

Helena chegou a casa menos cansada, surpreendendo a mãe pelo horário.

— O que houve por terem voltado tão cedo? — indagou. E, chamando Helena a um canto, perguntou se o cavalheiro a tinha importunado.

— Nem o vi hoje, mamãe! Talvez ele ainda vá até lá, mas não podia ficar esperando sem ter mais nada para vender.

— Nem deveria!

— Amanhã levaremos mais e conseguiremos um pouco mais de dinheiro!

— Supõe que possa vender mais?

— Se hoje vendemos tudo e tão rapidamente!...

Luís retirou-se preocupado. Tinha o endereço da jovem, estava bem intencionado por sentir que a amava, mas temia perdê-la. Por que se arriscar, se poderia lhe falar logo em casamento e tê-la sempre junto de si, retirando-a daquela vida de vendedora de flores?

No dia seguinte tomaria tal providência. Falar-lhe-ia direta e francamente, dizendo-lhe do seu desejo de pedi-la em casamento a seus pais.

Ah, como gostaria de ver a reação de Helena, e ter dela a confissão tão esperada, desde o momento em que a vira apertar, de encontro ao peito, as flores com que a presenteara.

Sim, era fora de dúvida que o faria, e não desejava esperar muito, depois. Apenas o suficiente para os preparativos, e nunca mais ela iria à rua vender uma única flor. Queria-a junto de si, no seu lar, bem vestida e linda, sem ter que se humilhar diante de ninguém para oferecer flores.

Mas, se ela assim procedia, sua família deveria ser pobre e o seu dinheiro necessário. Não tinha importância, ele supriria, no seu lar, a quantia que ela lhes levava diariamente e até mais, se visse a real necessidade de seus familiares.

No dia posterior, tudo ocorreu conforme cada um, por sua vez, planejara.

Helena levara mais flores. Uma outra cesta, na capacidade de seu irmão carregar, foi preparada, e as vendas realizadas, alegrando-os pelo rendimento maior.

Luís, conforme esperara ansiosamente, esteve à procura de Helena, e, encontrando-a com o menino que soube ser seu irmão, indagou:

— Agora não vem mais só? Sinto que teme a minha presença e está querendo se proteger!

— Eu nada temo, senhor! A presença de meu irmão ajuda-me a vender mais, proporcionando-nos um lucro maior.

— O que seu pai faz, para precisarem tanto?

— Nossa família é grande, e nossa necessidade também!

Renascendo do Ódio | 39

— Não respondeu à minha pergunta!

— Como não! Somos pobres e eles precisam do meu trabalho! Isto é tudo! Outras particularidades, não gostaria de dizer!

— Onde mora?

— Num bairro afastado daqui!

— Vejo que não quer me esclarecer nada!

— Não há necessidade!

— Se pergunto é porque me interesso por você! Sabe que a tenho no pensamento e no coração e gostaria de conhecer seus pais.

— Para quê?

— Eu direi só quando estiver em presença deles!

— Então nunca dirá, pois não lhe darei meu endereço! Gosto da sua companhia, mas preciso vender minhas flores! Vá embora!

— Não poderei ficar observando-a, sem importuná-la?

— Ficaria constrangida! Vá, eu lhe peço!

— Está bem! Eu irei, mas afianço-lhe que não será por muito tempo! Quero tê-la sempre comigo, sem que precise vender nada a ninguém.

— Isto é impossível!

— Se falo, sei que não é! Até amanhã! Eu virei vê-la novamente e logo lhe farei uma surpresa.

— O que quer dizer?

— Lembre-se de que é surpresa! Só desejo que me fale que não lhe sou indiferente. Se disser, logo terá a surpresa!

— Sabe que não é! Eu nada deveria dizer, mas

também tenho-o no pensamento em todos os instantes e anseio para que venha me ver.

— Era tudo o que eu precisava ouvir!

— Assim como indagou meu nome há dias atrás, eu preciso saber o seu!

— Chamo-me Luís, e continue a pensar em mim!

Ele retirou-se feliz, com a decisão tomada. Não precisaria esperar mais nada. Iria à casa de Helena naquela noite mesma, conheceria seus familiares e pedi--la-ia em casamento, pretendendo que se realizasse o mais breve possível.

Helena terminou suas vendas, voltou ao lar com o irmão, tentando desvendar as palavras de Luís, mas não se atrevia a levar o pensamento onde seu coração insistia, para não se decepcionar e sofrer. Contou à mãe o que ele lhe dissera, as perguntas que fizera, e até a surpresa que prometera lhe fazer.

— Você fez muito bem em nada dizer sobre seu pai, sempre é um respeito a mais!

— Ele compreendeu a presença do nosso pequeno, como para proteger-me.

— Entendeu-o bem!

— Eu, porém, disse-lhe que era para auxiliar-me nas vendas.

Luís, sem nada dizer a irmã, muito menos ao irmão que pouco via, recomendou ao cocheiro, estivesse a postos à noite. Não esperariam nem pelo jantar, porque a missão era importante e não deveriam tardar.

— Estarei à disposição, como sempre!

Levando o endereço no bolso, caso o cocheiro fizesse alguma confusão, Luís encontrou-se com ele, e, antes de entrar na carruagem, indagou-lhe:

— Você será capaz de me levar àquele endereço que me entregou há dois dias atrás?

— Com certeza! A minha profissão exige bastante atenção e conhecimento de toda a cidade. Em menos de meia hora lá estaremos!

Luís ia curioso, o coração em sobressalto, mas feliz. Nada sabia sobre Helena, mas pudera perceber que se tratava de uma boa moça. Por que esperar mais? Por que não retirá-la logo daquela vida de sacrifícios?

Assim pensando, após o tempo previsto, a carruagem parou diante de uma casa simples, e o cocheiro, voltando-se para o interior onde Luís se encontrava, exclamou:

— É aqui, senhor!

Luís ouviu o cocheiro, mas, enquanto ele freava os animais, já havia se colocado de sobreaviso e prestava atenção à casa diante da qual estavam.

Sem muita demora, sem esperar que o cocheiro lhe viesse abrir a porta, ele desceu, olhou em torno, encontrando alguns olhos curiosos, sobretudo de algumas crianças que se encontravam pela redondeza. Um menino aproximou-se, e ele reconheceu ser aquele mesmo que, pela manhã, estivera em companhia de Helena.

Reconhecendo-o também, o menino indagou o que ele desejava.

— Gostaria de conversar com seus pais! Eles se encontram em casa?

— Mamãe está, Helena também!

42 | **Wanda A. Canutti** pelo espírito *Eça de Queirós*

— Pois vá avisá-las de que aqui estou e desejo falar-
-lhes!

Rapidamente o menino entrou, deixando seus companheiros curiosos e, em instantes, uma senhora ainda jovem, mas de aparência triste e sofrida, surgiu à porta, indagando o que ele desejava.

— O assunto que me traz aqui é muito importante, e, se me convidasse para entrar, poderia expô-lo à senhora. Não sei se seu marido voltará logo, mas posso ir lhe adiantando do que se trata.

Temerosa por já ter compreendido quem era, ela convidou-o a entrar.

Helena, ao ouvir o chamado do irmão, recolheu-se em seu quarto.

Na pequena sala da casa, a senhora convidou Luís a sentar-se, e, permanecendo em pé, exclamou:

— Pode dizer o que o traz à nossa casa! Como vê, somos pobres e não estamos habituados com visitas da sua classe.

— Não se importe comigo! O assunto que trago é do interesse de todos nós, porém, gostaria de falar ao seu marido também! Ele irá demorar?

Um tanto perturbada com a pergunta, por não desejar revelar a sua viuvez, temendo pela filha, acrescentou:

— Pode falar a mim mesma!

— Helena não está em casa?

Sem resposta, ela insistiu:

— Pode falar, senhor! O que deseja de nós?

— Não sei se sua filha fez alguma referência à minha pessoa, mas eu a vi há algum tempo atrás e só há poucos dias aproximei-me dela. Se antes fui atraído pela sua beleza, depois que a conheci pessoalmente, o seu jeito, o seu recato, encantaram-me ainda mais! Fico penalizado ao vê-la naquele trabalho e gostaria de poder retirá-la de lá!

— De que modo o senhor o faria? O que pretende? Somos pobres mas somos honrados!

— Minha senhora, longe de mim ofendê-la com alguma proposta menos digna! Se aqui estou, é porque também quero ser honesto para com a senhora e seu marido! O que me traz, é muito mais importante! Até agora, apesar de ter frequentado os meios mais elegantes da cidade e ter participado de algumas comemorações em palácio, nunca havia conhecido ninguém como sua filha. Ninguém ainda havia tocado o meu coração como Helena, e, por isso,...

Luís interrompeu por instantes a sua narrativa, procurando com os olhos algum ponto onde Helena pudesse estar, mas a senhora, atenta a todas as suas palavras, insistiu:

— ... por isso,... vamos diga!

— Eu gostaria de fazer de Helena a minha esposa!

— O quê? O senhor pretende casar-se com ela?

— É tudo o que mais desejo! Eu a amo e, se vim a esta casa, hoje, é porque sei, também não lhe sou indiferente!

— Não preciso repetir que somos pobres, o senhor mesmo vê, mas não é por isso que aceitamos brincadeiras desse tipo!

— Por quem me toma, senhora?

44 | **Wanda A. Canutti** pelo espírito *Eça de Queirós*

— Não o conheço, não sei quem o senhor é nem o que pretende realmente! Mas esteja certo, não será com promessas de casamento que iludirá a minha filha!

— Longe de mim tal intenção! Quero tê-la sempre ao meu lado, quero lhe dar uma vida melhor, fazê-la feliz e ser feliz, tendo-a comigo! Se não acredita em mim, eu lhe provarei que estou sendo honesto. Se a senhora der o seu consentimento, amanhã mesmo tomarei as providências para o casamento, e, em um mês, estaremos casados. Eu respeito sua filha, senhora, porque a amo!

Meio desconcertada, a senhora ficou sem saber o que fazer, mas ele insistia.

— Quando posso conversar com seu marido? Eu lhe repetirei tudo o que já lhe disse, e ele me entenderá!

Vendo que não adiantava mais esconder, ela falou entristecida:

— Meu marido morreu há alguns meses atrás!

— Então é por isso que as necessidades da família são tão grandes?

— Ele nos deixou esta casinha e nada mais! Tínhamos planos muito bonitos para Helena, sem termos que vê--la nesse trabalho, arriscando-se todos os dias, mas não vemos outra forma de sobrevivência. Os meninos também nos ajudam, mas passamos muitas dificuldades.

— Eu compreendo e, se a senhora me permitir, gostaria de ajudar! Como vê, minha família desfruta de uma posição privilegiada e temos recursos suficientes para sobrevivermos muito bem, se os negócios forem bem cuidados. E deles me ocupo eu!

— Eu não sei o que dizer! Preciso consultar Helena!

— Pois que o faça! Chame-a e conte-lhe o que vim fazer!

— Precisamos pensar! Nós conversaremos em família e depois lhe daremos uma resposta!

Desabafado de tudo o que pretendia, só restava a Luís aguardar a resposta prometida. Fora objetivo e esperava ter sido, também, convincente.

Vendo que não adiantava insistir, ele levantou-se para se despedir, mas ousou ainda indagar:

— Não verei Helena, hoje?

— A conversa foi entre nós e já nos falamos o necessário!

— Compreendo! Antes, porém, de me retirar, atrevo-me a perguntar: quando terei a minha resposta? De que forma ela chegará até mim?

— Não visita Helena diariamente no seu trabalho? Quando tivermos a nossa resolução, sabê-la-á por ela! Hoje pode ser a última vez que nos vemos, mas também é provável que tenhamos ainda muito para conversar. Dependerá do que decidirmos! Espero que continue a respeitar a minha filha e respeite também a nossa decisão, seja ela qual for!

— Eu prometo! Até mais ver, minha senhora!

Fazendo uma mesura respeitosa diante dela, retirou-se, indo ao encontro da carruagem.

CAPÍTULO 4

Decisão

Assim que percebeu a retirada de Luís, Helena, que não pudera evitar de ouvir toda a conversa pela própria configuração da casa, deixou seu quarto bastante surpresa e foi ter com a mãe.

— Como ele descobriu o nosso endereço? Eu nada lhe disse!

— Ele deve ter mandado segui-la!

— Pode ser! Eu ouvi tudo, mamãe! Isso significa que ele me ama verdadeiramente!

— E você, filha, ama-o o suficiente para nos deixar e seguir com ele?

— Se a senhora permitir, nós nos casaremos, mas não vou deixá-los! Será mais um meio de ajudá-los! Lembra da sua promessa? Ele deve ser muito rico!

— Nada sabemos dele! Quem nos garante que seja uma pessoa honrada e que você será feliz, casando-se com ele?

— Se a senhora visse a casa onde ele mora!...

— Mas tem seus familiares que nem sabemos quem são! Se se casar com ele, será levada para aquela casa, irá viver num meio estranho que não é o seu, sem sabermos com quem também terá de conviver. Você poderá ser humilhada por ser pobre!

— Ele estará lá para me apoiar e me defender! Ele me ama, mamãe, e cuidará para que nada façam comigo!

— Isto significa que, por você, o pedido já está aceito?

— Não dizia sempre que tanto a senhora quanto papai, desejavam o melhor para mim? A oportunidade chegou!

— Eu sei, filha, que não é fácil para uma jovem pobre como você, conquistar um cavalheiro daquela posição, mas isso não é tudo! Temo pela sua felicidade!

— Quando se está com quem se ama, se é feliz!

— Nem sempre é assim! Precisamos pensar mais! Devemos conversar com seus irmãos também!

— Eles são mais novos e quem deve decidir é a senhora! Seja qual for a sua decisão, eu saberei respeitar, mas saiba, eu desejo muito me casar com ele! Além do amor que sentimos, será o fim da nossa vida de misérias! A senhora prometeu-lhe que eu lhe levarei a resposta! Posso lhe dizer, amanhã mesmo, que ele me deixou muito feliz e que vamos aceitar o pedido?

— Ainda não, filha! Esperemos mais um pouco! Será melhor para você mesma! Embora eu tenha compreendido que não adianta negar, deixe-o na expectativa mais alguns dias.

— Pelas suas palavras, compreendi que vai concordar!

— Se você coloca a sua felicidade nas mãos dele, nada posso impedir! Só espero, não estejamos enganadas e você não venha a sofrer depois!

— Precisamos correr o risco!

— Esse risco pode envolver tanto a sua felicidade quanto a sua desgraça!

— Eu serei feliz, mamãe! Então, mesmo tendo concordado, eu nada deverei dizer amanhã!

— Ainda não! Espere mais uns três dias e depois diga-lhe que volte à nossa casa, porém, sem lhe adiantar nada! Eu saberei como fazer! Não posso entregar a minha filha a nenhum aventureiro. Se eu perceber, durante a nossa conversa, bases sólidas para o seu casamento, dar-lhe-ei o meu consentimento, contudo, se perceber algum ponto onde possa ver a sua infelicidade, recusarei!

— Sei que nada irá encontrar!

— Vejamos!

Naquela noite Helena não dormiu. Idealizava-se na casa que conhecera por fora, não pela casa em si, pois não era ambiciosa, mas pela companhia que nela teria. Com certeza seria feliz! Ela saberia como tratar os familiares de Luís e viveriam bem. Porém, pensava, se pudéssemos ter a nossa própria casa, onde eu fosse senhora e dona, sem precisarmos morar com ninguém, eu seria muito mais feliz! Quando esse assunto fosse discutido, ela daria essa sua opinião e faria tal pedido. Se o dinheiro não era problema, não seria difícil!

A manhã surpreendeu-a ainda acordada, mas não

50 | **Wanda A. Canutti** pelo espírito *Eça de Queirós*

sentia nenhum cansaço, pelo contrário, levantou-se cedo, arrumou-se com bastante esmero e cuidado e foi para o seu trabalho em companhia do irmão, pensando menos nas flores que venderia que em Luís, esperando-o ansiosamente chegar.

Ah, encontro tão aguardado por Helena e Luís! Ela, feliz e segura porque sabia da resolução da mãe; ele, ansioso para obter uma resposta, pois tinha ainda no pensamento todas as palavras da mãe dela, que considerou rígida em seus princípios e firme nas suas colocações.

Quando ele chegou para vê-la, ela o recebeu com olhos brilhantes de alegria, mas sabendo demonstrar recato. Impaciente, Luís indagou se ela havia tomado conhecimento do sucedido da noite anterior, e qual a resposta que trazia.

Atendendo à solicitação da mãe, ela foi lacônica ao dizer que soubera de tudo, não pudera evitar de ouvi-lo, e completou revelando ter ficado muito feliz, mas a mãe ainda não havia chegado a nenhuma decisão.

— Além da resposta de sua mãe, quero saber a sua! Pretendia, ontem, falar às duas, mas ela não permitiu. Sua mãe pareceu-me muito exigente!

— Deve compreender a nossa situação! Somos pobres, o senhor é rico, não tenho pai e ela precisa tomar as decisões em seu lugar, cuidando para que sejamos felizes e não motivo de divertimento de ninguém!

— Não me julgue um aproveitador de situações, pelo amor de Deus! Se assim fosse, não teria ido à sua casa pedi-la em casamento, mas usado de outros recursos!

Renascendo do Ódio | 51

— Todos são válidos quando se tem um objetivo, até um pedido de casamento!

— Que deverei fazer para ser acreditado? É assim mesmo que me considera?

— Sabe que não, e, por mim, teria aceitado sua proposta imediatamente, mas deve compreender os receios de mamãe!

— Ela tem razão! Significa que ama os filhos e quer preservá-los de sofrimentos! Eu a compreendo! Por mim, se ela me aceitar para seu marido, nunca terá motivo de arrependimento. Tudo farei para torná-la a mais feliz das mulheres, porque você me fará o mais feliz dos homens! Quando terei a sua resposta?

— Ela disse-me que precisava pensar!

— Se ela desejar, pode mandar investigar a nossa família e a mim mesmo!

— Não será preciso! Acredito no senhor e creio também que ela, entendendo o meu amor, me concederá em casamento.

— Mal posso esperar a hora de tê-la sempre comigo sem vê-la mais neste trabalho!

— Mas foi através dele que nos conhecemos!

— Não posso negar, mas agora não desejo mais vê-la expondo-se desse jeito!

— Eu sei me cuidar!

— Sou prova disso! Do momento em que tiver o consentimento de sua mãe, começaremos os preparativos para o casamento. Levá-la-ei para conhecer meus familiares, e você não voltará mais a este serviço!

— Preciso trabalhar! Como os meus sobreviverão se eu parar?

— Eu suprirei, no seu lar, as necessidades da sua família, e posso lhes dar muito mais do que ganha aqui! Com o tempo, irei encaminhando também seus irmãos, oferecendo-lhes oportunidade de uma vida melhor, e de eles mesmos proverem, com mais conforto, o sustento dos seus.

— O senhor é muito bom!

— Incomoda-me ouvi-la chamar-me de senhor! Para quem se ama, não há senhor nem senhora, mas apenas escravos e deuses! Eu serei escravo do seu amor e você será a minha deusa!

Quanto mais ele falava, mais Helena se empolgava.

Ele precisou retornar três dias mais, para ter, finalmente, o convite da mãe da jovem para comparecer novamente à sua casa.

— Isto significa que ela me aceitou! — exclamou feliz.

— Ainda não tenho essa certeza! Nada sei além do que lhe falei!

— Vocês não conversaram a meu respeito?

— Falo em você o dia todo e, quando não falo, tenho-o no meu pensamento, mas mamãe é firme e nada me adiantou do que irá lhe dizer!

O momento da visita tão esperada chegou, e, no horário determinado, a carruagem novamente parou defronte da casa de Helena, e ela mesma, sem conseguir esconder a ansiedade, saiu para recebê-lo.

Com alegria por parte dos dois e muita expectativa, Luís foi conduzido para o interior da sala, onde a mãe da jovem o aguardava. Seus três irmãos lá estavam também, porque o momento era solene e eles precisavam conhecer o cavalheiro, segundo a opinião dela.

Luís ficou meio constrangido, mas, ao mesmo tempo, tranquilo. Se ela o mandara chamar, era porque lhe daria uma resposta favorável.

Em rápidos momentos ele foi apresentado pela senhora a seus filhos, e convidado a se acomodar. Antes, porém, de iniciar o assunto que tratariam, ela pediu aos filhos que se retirassem, recomendando a Helena que permanecesse.

Luís não compreendia como uma pessoa tão simples, podia conduzir aquele momento com tanta segurança e até cerimônia.

Quando se encontravam somente os três, ela, como condutora daquele evento que decidiria o futuro da filha, começou a falar:

— Há dias atrás o senhor nos procurou para pedir Helena em casamento. O pedido era importante demais para ter sido resolvido naquela hora, mesmo porque não o conhecíamos. Entretanto, depois de muito pensar, e por considerar os sentimentos de minha filha, que parecem, são iguais aos seus, assim espero, decidi que deveria ouvi--lo com mais esclarecimentos sobre a sua pessoa e sobre o que a aguarda, caso eu resolva concordar.

— Tudo o que desejar saber, estarei disposto a lhe contar!

— Eu nada perguntarei, por enquanto, mas desejo que o senhor mesmo fale a respeito de sua vida, de seus familiares, de suas atividades, e do que espera minha filha, nas condições já expostas.

Um tanto nervoso, não por ter algo a esconder, mas pela seriedade da situação e pela expectativa,

Luís começou a sua narrativa. Falou dos pais que já não os possuía mais, falou dos negócios que realizava em continuidade ao que o pai havia deixado, falou do prestígio de que desfrutavam diante da alta sociedade de Paris, e até da corte, e completou, explicando que possuía uma irmã mais velha que não havia se casado, e um irmão mais jovem, o oposto dele mesmo.

Ouvindo toda essa narrativa, ela indagou onde ele pretendia levar sua filha, se o casamento fosse efetivado.

Explicando que possuíam algumas propriedades na cidade, mas que nenhuma se comparava à casa onde residia com os irmãos, seria para lá que a levaria — morariam todos juntos. Ele não poderia deixar a irmã somente com o irmão mais jovem e ainda um tanto irresponsável. Não obstante possuíssem muitos criados, não seria justo deixá-la sem o aconchego de um familiar. Ao demais, ela seria uma excelente companhia para Helena, nos momentos em que ele cumpria suas obrigações junto aos negócios.

Mais algumas perguntas ela fez, e, após tantas explicações, completou:

— Sei que me é extremamente humilhante o que vou perguntar, mas não vejo outra forma! Minha filha o ama e deseja casar-se com o senhor; o senhor, da mesma forma, assim o deseja, e foi honesto em nos procurar, ao invés de molestá-la na sua pureza e inocência, pois, pelo exposto, quer para ela o melhor. Assim sendo, não posso negar o meu consentimento e até me lisonjeia, a tenha escolhido, porém preciso fazer a pergunta que é muito importante para mim e para meus filhos. Como sobreviveremos sem o trabalho de Helena? O senhor se propôs a nos ajudar e me é humilhante receber, por isso, se houvesse algum outro jeito, sem que dependêssemos do senhor, eu agradeceria e me sentiria mais à vontade.

— A senhora, neste momento, me faz o homem mais feliz sobre a face da Terra! Eu, na verdade, não desejo que Helena continue no trabalho que tem desempenhado até agora. Quero que ela pare imediatamente, e, conforme prometi, eu a ajudarei. Tenho planos para seus filhos, mas, de imediato, não seria possível arranjar nada. Por isso, peço-lhe, não se sinta humilhada em aceitar o meu auxílio, até eu poder encaminhá-los adequadamente. É minha obrigação, pela felicidade que está me proporcionando.

— Nada havíamos ainda preparado de enxoval para Helena, porque temos passado por momentos difíceis.

— Não se preocupe com isso! Eu pedirei ajuda à minha irmã e ela providenciará, juntamente com Helena, o necessário, incluindo as roupas para a cerimônia do casamento.

— Precisamos combinar o prazo que o senhor pretende e marcarmos a data, mas gostaria que a cerimônia fosse bem simples para que pudéssemos assistir! Helena é minha única filha!

— Tudo será providenciado conforme o seu desejo! Por ocasião das compras, Helena escolherá também roupas adequadas para a senhora e seus filhos, se não a ofendo!

— Não tenho outra alternativa, senão aceitar,

56 | Wanda A. Canutti pelo espírito *Eça de Queirós*

mas espero que logo possamos nos libertar da sua dependência!

— Faço-o com muita satisfação e até obrigação!

Já no dia seguinte, aqueles que estavam habituados a ver a bela e jovem florista vendendo alegrias para tantos corações, não mais a encontrariam no seu posto costumeiro e em nenhum outro, realizando o seu trabalho.

Diante dessa imposição de Luís, aceita pela mãe de Helena, ele deixou-lhe uma importância em dinheiro que daria para suprir as despesas da casa, por um bom tempo, sem que ela precisasse sentir-se humilhada em ter que pedir mais, alguns dias após.

Luís solicitou-lhe permissão para visitar Helena em casa, uma vez que não a veria mais na rua. Explicou-lhe, também, que logo a levaria para conhecer sua irmã e a casa onde iria morar, ocasião em que combinariam o dia das compras do enxoval, e de tudo o mais necessário para a ocasião. De sua parte, começaria, no dia seguinte mesmo, a tomar as providências para a cerimônia do casamento, que desejava, fosse o mais breve possível. A data não ficaria marcada, uma vez que dependeria dessas medidas, cujos prazos eram exigidos por lei.

Embora Luís nada tivesse adiantado para não humilhá-los mais, tinha em mente, visitar, no dia seguinte, uma casa de modas e comprar ou encomendar algumas roupas de uso pessoal para Helena. Os mais belos vestidos que pudesse encontrar, para que ela se apresentasse bem diante da irmã e nas casas onde comprariam o enxoval.

Com o coração leve pela alegria da felicidade, ele

retirou-se, prometendo retornar na noite seguinte, e, se possível, traria alguma notícia a respeito dos prazos para que a data pudesse ser marcada.

Helena estava maravilhada. Não era possível que tanta felicidade estivesse acontecendo com ela, uma jovem simples e pobre, sendo tratada como rainha.

— Serão, as princesas do palácio, tão felizes quanto eu estou me sentindo neste momento? – perguntou ela à mãe.

— Elas têm tudo, filha! Nunca souberam o que é necessidade, nunca cansaram o corpo pelo trabalho! São felizes à sua maneira, mas, com certeza, nem sabem valorizar o que possuem. Você é mais feliz que qualquer uma delas, porque, além do amor, tem também a sua liberdade! Vai casar com alguém que ama e que a ama muito, por todas as demonstrações que ele deu, e não com nenhum desconhecido que a corte obriga.

Na verdade, Helena estava vivendo um período de sonhos. Na noite seguinte, Luís retornou, trazendo tantos pacotes e caixas que o cocheiro precisou ajudá-lo.

— São roupas para você, minha querida!

À medida que Helena ia abrindo as caixas, verificava que uma era mais bonita que a outra, e Luís percebeu uma leve preocupação rondar seus belos olhos.

— Não ficou feliz?

— Mais feliz não poderia estar, mas, estas, não são roupas para mim! Não saberei usá-las!

— Aprenderá logo!

— Visto-me simplesmente, não sei se me adaptarei!

— Gostaria que provasse pelo menos um vestido!

— Agora?

— Sim, agora! Preciso saber se estarão bem ajustados ao tamanho de seu corpo.

Um tanto encabulada, Helena indagou:

— Qual devo provar?

— O que mais lhe agradar!

— Todos são lindos, escolha você!

— Pois tome este que combina com a cor de seus olhos! Leve sua mãe para ajudá-la, que eu esperarei!

— Está bem! Nada posso negar a você que é tão bom para mim!

Tomando o vestido escolhido, ela foi para o seu quarto, e, com a ajuda da mãe, preparou-se bem bonita. Os cabelos foram presos para melhor ressaltar as linhas do vestido, e, deslumbrada consigo mesma, surgiu na sala.

Luís, sem nada dizer de início, não imaginou que ela ficaria tão bela. Com os cabelos presos, os traços do rosto sobressaíram, e ela pareceu-lhe mais bonita. A saia longa e armada, fazia ressaltar as linhas da sua cintura fina e muito bem ajustada. Estava linda!

— Não me diz nada? — indagou Helena, depois de algum tempo.

— Estava admirando-a e nada disse para não perder nenhum detalhe da sua beleza! Você está linda, minha querida, muito linda!

— Então gostou?

— Muito mais do que esperava! Amanhã você se aprontará bem bonita, com o vestido que quiser, desses que eu trouxe, e, às quatro horas, virei buscá-la e a levarei para conhecer minha irmã e a casa onde vamos morar!

— Já amanhã? — indagou temerosa.

— Não está ansiosa como eu, para nos casarmos logo?

— Tenho medo de que ela não goste de mim! Somos diferentes!

— É impossível não gostar de você, minha querida! A sua beleza, a sua meiguice e seus modos recatados, conquistam qualquer um.

— Desejo que ela goste de mim porque deverei viver naquela casa, mas conquistar, basta você, não quero mais ninguém!

— Fico feliz ao ouvi-la porque demonstra o seu amor por mim! Não precisa ter receio de nada, estaremos juntos, e Aline nada terá para recriminar em você! Depois, quem precisa gostar de você sou eu, e sabe que tem o meu amor; quanto aos outros, é como falou há pouco...

— Eu sei, mas deverei viver lá, e é bom que nos demos bem!

— Com certeza se entenderão muito bem!

Tudo estava precisamente combinado, algumas providências já haviam sido tomadas, e, em um mês, a cerimônia do casamento poderia ser efetuada.

Um mês é um período curto para tantos afazeres e preparativos, não obstante a simplicidade da cerimônia para não constranger os familiares de Helena, mas o mínimo, em relação à posição da família de Luís, deveria ser efetuado.

Nenhum detalhe mais específico foi combinado, porque Helena e a mãe não tinham experiências nesse

60 | **Wanda A. Canutti** pelo espírito *Eça de Queirós*

particular. No desenrolar do mês, porém, elas iriam tomando conhecimento do que seria necessário fazer, mesmo dentro das mais singelas intenções.

Aline os ajudaria e a própria experiência de Luís, pelo comparecimento a outras cerimônias semelhantes, auxiliaria bastante.

Conforme o prometido, Helena foi levada pelo noivo à sua casa e apresentada à Aline que, avisada, esperava-a, não compreendendo muito bem a posição social da jovem desconhecida, cujos detalhes Luís omitiu.

Alguma coisa lhe disse porque precisava da irmã para orientá-la nas suas atitudes e posturas, ajudando-a a ser, o mais breve possível, uma verdadeira senhora do nível a que eles pertenciam, embora tivesse vindo do povo, pormenor que não precisava ser anunciado.

O irmão de Luís raramente estava junto da família, durante o dia, porque, boêmio, nos horários em que todos têm suas atividades, ele repousava, para, à noite, voltar aos salões, às festas, às aventuras. A herança que lhe coubera pela partilha dos bens, depois da morte do pai, estava dissipando-a toda, e de nada adiantavam conselhos nem advertências do irmão, homem probo e cônscio das suas responsabilidades.

— Preciso aproveitar o tempo! — respondia-lhe ele.

— Não quero ser como você que só pensa nos negócios e deixa os dias passarem, sem atentar para as coisas boas que a vida nos oferece.

— Depende do que você entende como aproveitar o tempo! Utilizo o meu da forma que melhor me apraz, nada faço de comprometedor da minha honra

Renascendo do Ódio | 61

e do bom nome da nossa família e sou feliz assim!

— É justamente o que lhe digo! Você vê o tempo passar, sem se dar conta de que irá envelhecer sem nada aproveitar da vida! De que lhe adianta trabalhar tanto para conservar os bens que papai lhe deixou, se não os utiliza na satisfação do seu prazer, da sua alegria...

Era sempre discutida, nestes termos, qualquer tentativa de fazê-lo voltar à razão, de compreender as suas responsabilidades, e nada adiantava. Há já algum tempo Luís não o molestava mais com suas advertências e pouco o encontrava em casa.

Com a aproximação do seu casamento, precisava conversar com ele, e dizer que gostaria da sua presença na cerimônia, como membro da família, acompanhando a irmã. Era mais uma providência a tomar, conquanto não o preocupasse, diante do muito que precisava ser feito.

Ao conhecer Aline, Helena conheceu também a casa. Mesmo imaginando-a suntuosa e bela, a sua idealização não foi além de um pequeno arremedo do que ela realmente era.

Sem nada comentar, contendo as suas surpresas, olhava cada cômodo com muito interesse, tantos a casa possuía, um mais bem decorado que o outro. Quando tivesse que se mudar, receava se perder entre tantas salas, quartos, corredores, mas, com certeza, logo aprenderia.

A sala principal, onde a recepção do casamento seria realizada, era grande e bonita, e acomodaria, com muita sobra de espaço, os poucos convidados e os membros de ambas as famílias.

Tudo fora providenciado, e aquela Helena simples

já estava bastante modificada, não nas suas expectativas e sentimentos, que esses ainda guardavam bastante pureza; mas ajustava-se à nova situação na qual teria que viver, através das instruções de Aline e do próprio Luís, que, constantemente a levava à sua casa para tê-la mais próxima, e para que ela fosse se adaptando ao local e ao modo de vida da família.

Os aposentos para o jovem casal foram preparados conforme o gosto de Luís, com pequenas sugestões de detalhes mínimos que ele consultava a noiva, como forma de fazê-la participar. Foram escolhidos os que abrigaram seus pais, por serem os melhores da casa; alguns móveis foram substituídos, a decoração remodelada e, depois de pronto, não parecia mais o mesmo. Adquirira características de modernidade e de maior alegria, perdendo a austeridade demonstrada pelas paredes, móveis, cortinas, pela decoração em geral...

Helena, muito feliz, cada vez mais se sentia como participante de uma fantasia, porque, por mais forçasse a sua imaginação, tudo ia muito além, como nos sonhos encantados.

O dia da cerimônia aproximava-se. A mãe de Helena e os irmãos haviam sido levados uma vez à casa de Luís, para conhecerem também sua irmã e o lugar onde Helena moraria. Com tão boa aparência se apresentaram, por tudo o que Luís estava lhes proporcionando, e, instruídos pelo que Helena contava, embora tímidos, mas bem educados, souberam portar-se bem. Não com a finesse que caracteriza os bem nascidos, mas nenhuma inconveniência foi notada.

CAPÍTULO 5

Felicidade

A casa estava toda preparada, a sala onde a reunião de amigos e familiares se daria, decorada.
Na cozinha a azáfama era geral, e os criados esmeravam-se, para que nada saísse contrário aos planos elaborados.

Helena e os familiares haviam sido trazidos algumas horas antes, porque a noiva seria preparada na casa de Luís, e de lá iria para a igreja. Quando voltasse, aquela seria a sua nova residência. Seria o lugar onde ela comprovaria se o sonho prosseguiria, ou se alguma realidade contrária a tudo o que havia esperado até então a faria despertar.

Ela não abrigava esses pensamentos e esperava continuar desfrutando da felicidade que mal cabia no seu coração. Tinha o amor de Luís, uma pessoa que lhe dera infinitas demonstrações de bom caráter; teria conforto e teria consideração como esposa de um cavalheiro muito

64 | **Wanda A. Canutti** pelo espírito *Eça de Queirós*

bem posicionado na vida e na sociedade de Paris. Tinha, pois, tudo para ser feliz.

O único senão era ter que viver com os irmãos de Luís. Preferiria ter a privacidade de uma casa só para si e o marido, onde desfrutasse de liberdade total e plena das suas atitudes. Era cômodo ter Aline cuidando das ordens da casa, mas sentir-se-ia sempre como uma hóspede, num território que também seria seu.

Em meio a tanta felicidade, porém, esses pensamentos deixaram de ser preocupação para Helena, que se submetia a tudo o que Luís propunha, e não podia ser diferente. Que conhecimento possuía ela sobre a vida da alta classe parisiense? Ela é quem teria de se adaptar e aprender o mais rápido possível, para não decepcionar nem envergonhar o marido, quando os convites chegassem e, como esposa, devesse acompanhá-lo.

Havia receios, sim, mas a felicidade sufocava-os todos, e ela já se encontrava preparada para a cerimônia. Aline, juntamente com a modista contratada para confeccionar o vestido, ajudavam-na. A mãe estava presente, mas apenas observava. Ela não saberia lidar com tantos recamos do vestido, nem com todos os outros paramentos.

Sua filha estava linda! Luís deslumbrar-se-ia, e os convidados que não a conheciam nem sabiam onde ele a conhecera, também se encantariam.

Quando ele a viu, depois de pronta, a sua beleza ia além de tudo o que poderia ter imaginado. Ele conduziu-a ao altar, como era hábito na época, e a cerimônia foi realizada, simples como pretendia Helena e seus familiares, mas para eles que nada conheciam, tivera todos os requintes dignos de qualquer princesa da corte.

Para cumprir uma obrigação, um convite fora enviado à família real, mesmo sem que Helena soubesse, para não assustá-la. Mas, com delicadeza, seus membros desculparam-se e não compareceram. Não era hábito da família abalar-se do palácio para tais cerimônias.

Quando retornaram para casa, as festividades os esperavam. As guloseimas e as bebidas começaram a ser servidas, enquanto alguns músicos animavam o ambiente ao som de um piano e alguns violinos suaves. O desejo de Luís era ter ali uma grande orquestra animando, com seus instrumentos, uma grandiosa festa, na qual ele pudesse exibir a todos a beleza da então sua esposa Helena.

A festa transcorreu, os poucos convidados foram se retirando, e Luís providenciou para que a família de Helena fosse levada ao seu lar. A mãe, após abraçar ardentemente a filha, desejou que ela pudesse desfrutar de toda a felicidade esperada, mas que não os esquecesse, pela nova vida na qual ingressava.

Quando todos haviam se retirado, os músicos silenciado os instrumentos, restaram apenas o novo casal, Aline e Cláudio — o irmão de Luís, que Helena conheceu somente naquele dia.

Ele era como Luís, um elegante rapaz, porém mais jovem, de modos requintados, olhar profundo mas um tanto malicioso, que olhava Helena, admirando-a em toda a extensão da sua beleza. Sem muita cerimônia, indagou ao irmão:

— Onde foi buscar uma esposa tão linda?

Compreendendo que nada deveria responder sobre a pergunta, Luís o advertiu:

— Helena, como minha esposa, passará a residir

nesta casa conosco, por isso recomendo, dispense-lhe o respeito que ela merece! Não a importune com suas leviandades para que possamos viver todos em paz, como deve ser a verdadeira vida em família!

— Falando desse jeito, o que ela não irá pensar de mim?

— Eu sei o que digo!

— Longe de mim perturbar a paz de uma jovem tão bela! Saberei respeitá-la como sua esposa e minha cunhada, só não saberei como não admirar sua beleza!

— Você está avisado! Espero não precisar voltar a este assunto, por entendê-lo desagradável!

Cláudio, com um leve sorriso nos lábios, sem dar resposta, curvou-se diante de Helena, e, dirigindo-se ao irmão, exclamou:

— Sejam felizes, que eu agora vou me divertir! Já permaneci muito tempo em família, o que não é do meu feitio!

Aline que até então não se manifestara, pensando convencer o irmão, falou-lhe, antes que ele deixasse a sala:

— Por que não fica entre nós, pelo menos hoje, Cláudio? Você já se divertiu bastante! Procure mudar de vida, assuma responsabilidades e também arrume alguém para se casar!

Sem dar resposta ao seu apelo, ele, com o mesmo sorriso, beijou a testa da irmã e retirou-se.

Helena, observando aquela conversa e os modos do cunhado, não se sentiu à vontade. Como seria o seu caráter, se fora advertido, mal a festa acabara? Seria ela

Renascendo do Ódio | 67

obrigada a enfrentar dificuldades naquela casa, por causa dele? Bem que pretendera morar sozinha com Luís!

A sua felicidade estava sendo tão grande, mas uma leve preocupação começou a envolver-lhe, o que não passou despercebido para Luís.

— O que a preocupa, querida?

— Estou muito feliz, porém, mais ainda o seria se pudéssemos ter a nossa própria casa!

— Esta é também nossa casa!

— Mas não estaremos sós! Por que advertiu seu irmão?

— Apenas pelo seu modo de vida! Está sempre às voltas com mulheres, e, às vezes, coloca-se em apuros!

— Ele é muito jovem!

— Nem tanto assim!

— Esqueçamos seu irmão e vivamos a nossa vida!

— Tem razão! Hoje começamos uma vida de muita felicidade! É só o que importa!

Helena não gostou nada do cunhado e sabia que teria problemas com ele naquela casa. Contudo, estaria atenta a qualquer atitude ousada de sua parte, e saberia como se defender. Depois, estaria sob a proteção do marido e sob os olhos de Aline, que, com certeza, a protegeriam também.

Aline sempre fora simpática com ela, desde o instante em que a conhecera, e a ajudara bastante, lembrando-se de que também poderia ter sido muito feliz, se o pai tivesse concordado com o seu casamento com aquele homem do povo, que a amara e também fora amado por ela.

Luís pudera tomar suas decisões sozinho, sem dar

68 | **Wanda A. Canutti** pelo espírito *Eça de Queirós*

satisfações a ninguém, mas, no que dependesse dela, os ajudaria a serem felizes, a sentirem a mesma felicidade que ela não pudera viver.

A vida de Helena mudaria radicalmente. Frequentaria locais diferentes, onde encontraria pessoas do mesmo nível do seu marido e teria até que manter alguma conversação.

Aline estava instruindo-a e recomendara, em qualquer dúvida, calar-se e deixar para Luís que a socorreria sempre. Com o tempo e boa vontade ela adquiriria a destreza das mulheres bem nascidas, porque somente a sua beleza já seria um grande trunfo que levava, e suplantaria qualquer pessoa de modos mais requintados.

A vida, porém, não se constituiria só de festas nem da sua performance nos salões. Ela teria sua casa que, embora comandada por Aline, Luís fazia questão que ela fosse tomando conhecimento de tudo.

Aos poucos, em companhia da cunhada, ela foi conhecendo o que possuíam guardado — sedas, porcelanas, até as joias pertencentes à família lhe foram mostradas, numa ocasião em que Luís estava presente.

Helena nunca vira nada igual, nem nas vitrines das joalherias que admirava, quando desempenhava suas atividades de florista nas ruas do centro de Paris. A quantidade era grande. Ingenuamente ela indagou:

— Por que guardam tantas joias assim? Onde e quando as usam?

Luís, adiantando-se, explicou:

— Temos aqui joias que pertenceram às minhas avós, e as que pertenceram à minha mãe! Aline também tem as suas, que papai fazia questão de presenteá-la.

— O que farão com tantas joias tão preciosas?

— Algumas serão suas também, como membro que é da nossa família, mas não se esqueça de que joia é sempre um capital que trazemos guardado para qualquer emergência!

— Vocês pensam em vendê-las?

— De maneira alguma, mas, se um dia houver necessidade... A fortuna da nossa família é sólida e teremos como viver com o conforto de que desfrutamos agora, para sempre, se nada houver contrário ao que esperamos. Entretanto, se algo nos atingir, poderemos precisar delas. Tenho ouvido dizer que a segurança da família real está ameaçada pelo povo que tem sofrido muito e poderá se rebelar. Nunca se sabe o que pode acontecer!

— Se houver uma rebelião do povo, você também será atingido? — indagou receosa, Helena.

— Um povo revoltado é sempre uma ameaça e não se volta somente contra a família real, mas atinge a todos os que eles supõem, possuem o que lhes falta.

— Então a nossa tranquilidade está ameaçada?

— Não tenha receios! Fiz apenas suposições sem que nada de concreto haja!

— Mas sempre é uma preocupação!

— Esqueçamo-nos do que falei! — e retirando de uma das caixas, um anel, disse-lhe: — Tome-o, pertenceu à mamãe! Coloque em seu dedo como um presente meu!

O anel era lindo! Todo de ouro com um grande diamante, em torno do qual pedrinhas menores de esmeralda formavam-lhe uma bela cercadura.

Helena, espantada, perguntou:

— Eu deverei usá-lo?

— A todo instante para que se sinta mais intensamente unida à nossa família!

Como Helena vacilasse, Luís colocou-o em seu dedo. Em suas mãos, que já haviam readquirido o frescor daquelas que as têm resguardadas dos afazeres mais grosseiros, ganhou maior beleza.

— Veja como é lindo! — exclamou ela admirada, estendendo a mão para que Luís o visse melhor.

— Lembro-me de mamãe que também o usava constantemente. Infelizmente ela nos deixou muito cedo...

— Como era sua mãe? Fale-me dela!

— As mães são sempre muito boas e as lembranças que tenho dela, muito bonitas! Em outra ocasião lhe contarei.

Aquele momento de encantamento encerrou-se e Luís, fechando as caixas que continham as joias, com a ajuda de Aline, colocou-as de volta no cofre que as retinha e que somente vez por outra era aberto, quando alguma cerimônia importante exigia o uso de algumas delas.

CAPÍTULO 6

A revolução

A situação que a França enfrentava, naquela época, não era muito tranquilizadora porque havia ameaças rondando a paz dos mais bem aquinhoados da sorte.

O povo estava cansado de ver-se submetido às determinações do governo monárquico, as mais das vezes absurdas, que lhe extorquia, pelos impostos, o pouco que conseguia ganhar para a manutenção dos seus. Eles trabalhavam, esforçavam-se e passavam por privações, para sustentarem a vida de fausto e luxo, e, ao mesmo tempo, de ociosidade e extravagâncias em que a corte se deleitava.

Era preciso acabar com aquela situação que só teria um fim se a família real fosse alijada do poder, e nele fosse colocado um governo mais piedoso, para que os rogos dos trabalhadores e dos camponeses fossem ouvidos, sua vontade satisfeita e as suas necessidades supridas.

72 | **Wanda A. Canutti** pelo espírito *Eça de Queirós*

Não seria fácil o que pretendiam, mas, quando o desejo é grande, as lutas começam sorrateiras e silenciosas, de início, e, aos poucos, vão preparando o momento tão almejado. Os objetivos pelos quais se luta com denodo e argúcia, um dia se os alcançam. Assim, agrupando adeptos, trabalhando à maneira de uma enorme árvore que vai, aos poucos, estendendo as suas raízes no silêncio do interior da terra e abrangendo uma grande extensão de terreno, eles se reuniam, arquitetavam e preparavam.

Cada vez mais a árvore se tornava forte pela solidez das raízes, e, quando percebessem que ninguém poderia derrubar seus galhos, já tão mutilados nos seus mais tenros rebentos, iriam à luta e mostrariam toda a sua força.

Ao entenderem que o momento era chegado, começaram por surpreender a guarda da prisão mais importante de Paris e libertaram todos os seus prisioneiros. A alegria do povo foi geral, pois demonstrava a primeira vitória daquele movimento. A família real, assustada e sentindo o perigo iminente, tentou fugir, mas foi capturada em seguida e condenada, terminando de vez com o governo monárquico.

Não somente a família real foi atingida. Todos aqueles que haviam acumulado, ao longo dos anos, grandes fortunas, sobretudo os que mantinham um relacionamento mais estreito de amizade com a corte, tiveram seus bens confiscados.

A casa de Luís, surpreendida também pelo acontecido, nada pôde fazer, perdendo a maioria de seus bens.

A miséria aguardava-os e a família — Luís, Aline, e sobretudo Cláudio — estava desesperada. O que lhes restava era muito mais do que a própria Helena e sua família possuíra até então, mas, para eles, era nada.

A casa onde outrora viveram momentos tão felizes de reuniões e festas, ainda ao tempo de seus pais, teria de ser abandonada. Não possuíam mais condições de reterem os criados e precisariam se mudar para um local mais simples.

Havia ainda as joias! Sim, as joias, lembrou Helena. Eram tantas, e, se vendidas, dar-lhes-iam recursos de vida para muito tempo ainda.

Entretanto, quando comentou com Luís, ele, desolado, exclamou:

— Nem com elas poderemos contar, neste momento!

— Como não?!

— Da forma como se encontra o país, se eu pretender vender alguma, tê-la-ei apreendida! No momento, de nada servem, e até lhe recomendo, retire do dedo esse anel que lhe dei, para não tê-lo perdido também!

— Então a nossa situação é muito pior do que eu imaginava!

— Não sei como faremos!

— Sempre se dá um jeito! O trabalho não me assusta! Poderei vender minhas flores novamente!

— Na situação em que Paris se encontra, ninguém teria condições financeiras nem emocionais para comprar suas flores!

— Apesar de tudo, tenho pena da família real!

— Esqueçamo-nos deles e pensemos em nós, agora! Não se esqueça, também, de sua mãe e seus irmãos! Estava providenciando trabalho para seu irmão mais velho, mas, agora, é impossível.

— Gostaria de visitar mamãe! Preciso saber como estão!

— Para eles nada muda, ao contrário, têm agora mais esperanças! Mas, até que a situação se acomode, lhes será difícil também.

— Ainda temos bastante provisão nesta casa e, se você me permitir, gostaria de levar um pouco para eles, desde que não podemos mais lhes dar dinheiro.

— Quando tudo se assentar, nos reergueremos, com certeza, não com o conforto que tivemos até aqui, mas, adaptando-nos à nova situação, estaremos bem outra vez. Conseguirei um trabalho digno da posição que ocupamos até agora! Mesmo um governo voltado para o povo, precisa manter posições em que a instrução e a destreza sejam necessárias, e essas, tenho-as de sobejo.

— Seremos obrigados a deixar esta casa?

— Deram-nos um mês para arrumarmos outra, e, nem mesmo a maioria dos pertences da casa poderemos levar! Eles pretendem colocar aqui uma nova repartição do governo.

— Não se esqueça das joias!

— Levaremos nossas roupas e mais algumas coisas de uso pessoal. O resto, deve ficar!

— É muita impiedade!

— Um povo revoltado e sofrido cria forças tão intensas, e, às vezes, perde o controle do mando e pratica atrocidades maiores do que as que condenou até então! De qualquer forma, eles estão felizes, conseguiram derrubar

Renascendo do Ódio | 75

a monarquia que acusavam de causadora da situação que eram obrigados a viver.

A nova fase que se iniciaria na vida do povo da França, não seria fácil.

As lutas prosseguiam dentro dos princípios pelos quais pugnavam, mas, se antes estava difícil, após também não seria fácil. Nenhum país derruba as bases de um governo sem sofrimentos, e a reconstrução da ordem pelas modificações que seriam implantadas, não se realizaria de um momento para o outro.

Os trabalhadores da cidade, os camponeses, enfim, o povo em geral, todos estavam esperançosos. Estariam livres dos desmandos da monarquia, que não vacilava em sacrificá-los, mas, a alguns sacrifícios ainda teriam que se submeter.

Para os mais abastados, contudo, a vida não seria a mesma, principalmente para a alta classe que se confundia com a nobreza, tão estreitamente viviam os seus membros e tantos privilégios a fortuna lhes proporcionava.

Despojados da sua posição, dos bens e do prestígio, ser-lhes-ia muito difícil um recomeço. Mesmo dispostos a trabalhar, não eram pessoas confiáveis por terem sido consideradas partidárias do governo monárquico, e, com isso, sofriam as consequências.

Com o decorrer dos dias, aproximava-se a hora de Luís e seus familiares deixarem a casa, o conforto, o luxo. Enfim, tudo o que haviam conquistado e do qual haviam desfrutado, e até feito aumentar pelos esforços de Luís, como continuador do pai.

76 | **Wanda A. Canutti** pelo espírito *Eça de Queirós*

Tantas diligências ele realizou, que conseguiu reter para si uma das propriedades, uma casa bastante simples, comparada com a que moravam, mas que os abrigaria com certa dignidade. Pelo menos possuía acomodações para todos, cada um mantendo a sua privacidade, e para ela se mudaram.

Cláudio, desde que a nova situação fora instalada no país, principalmente em Paris que lhe sofria as consequências mais intensamente, por ter sido a sede da monarquia, estava inconformado. Jovem arrebatador e inconsequente, reprimido nas suas aspirações e desejos, andava irritado, nervoso, e os familiares eram obrigados a suportar o seu mau humor.

Até grosseiro com Helena o foi, ao referir-se que ela deveria estar feliz, voltava às origens, à miséria na qual sempre vivera e deveria estar se regozijando, vendo-os sofrer.

Sem nada responder para não agravar a situação, ela abaixou a cabeça, mas Luís, que se aproximava, ouvindo-o, não conseguiu calar-se. Expôs o que havia contido até então, respeitando o seu modo de vida, embora sem concordar com ele, deixando-o mais irritado ainda.

Algum dinheiro Luís conservara, que os ajudava nas primeiras dificuldades, pois não conseguiram confiscá-lo. Satisfizeram-se com as propriedades e não tomaram conhecimento nem das joias. Mais dia, menos dia, elas lhes serviriam para a recomposição de suas vidas, não a que estavam habituados, mas poderiam reconstruí-la com certo conforto, se, ao produto da venda das joias, aliassem o trabalho.

A vida num local onde as rebeliões são uma constante, e as perseguições, regras de conduta, torna-se difícil, e a intranquilidade é a companheira mais assídua de cada um.

Ninguém sabia quem seria o próximo a ser atingido. As atitudes daqueles que outrora tiveram posições de destaque entre os nobres, e mesmo entre aqueles que foram cabeças das rebeliões e ajudaram na conquista dos objetivos colimados, tinham de ser cuidadosas para nunca caírem na desgraça dos que estavam investidos do poder. A pena de morte vigorava no país, e qualquer um poderia ser condenado à guilhotina, bastava a menor iniciativa que os desagradasse, ou quando, no seu entender, deixavam de ser confiáveis.

Os desmandos criticados, causa da revolução, transformaram-se em outros, ao longo de todo o tempo em que o país esteve em revolução, e a guilhotina nunca trabalhou tanto. Nunca tantas cabeças rolaram em nome do país, em nome de um ideal que se perdia em novos objetivos, e pela ambição e descontrole de atitudes de muitos.

Ao final, um saldo positivo deixou pela transformação que o país sofreu, não obstante o preço que eles mesmos pagaram por se rebelarem, tivesse sido alto demais. Fora um período de dificuldades e de muito sofrimento e ansiedade.

Os problemas que a família de Luís precisou suportar, foram de grande monta. O país lutava e sofria, e eles, para evitarem maiores perseguições, tiveram que

78 | **Wanda A. Canutti** pelo espírito *Eça de Queirós*

ser cuidadosos até nas roupas que usavam. Sempre as mais simples para se misturarem com o povo e passarem despercebidos.

A sobrevivência, durante um período tão longo, também não foi fácil. Todos se limitavam ao necessário para não morrerem de fome, uma vez que o dinheiro faltava e a produção dos campos ficara prejudicada pelo envolvimento dos camponeses nas lutas. Eles também reivindicavam direitos, tão abalados durante a monarquia.

Após alguns poucos anos o país foi se asserenando, e, se adentrarmos a casa onde a família de Luís morava, não os reconheceremos mais. O elegante cavalheiro de modos requintados transformara-se num trabalhador comum. Suas mãos, ora finas, acostumadas a se estenderem às damas nos salões, tornaram-se rudes pelo trabalho.

A direção do lar, com todos os serviços, ficara para Aline e Helena. Criada com todo o carinho pelos pais, afastada de qualquer serviço que a posição da família entregava às criadas, Aline tivera que assumir o trabalho do lar, nem sempre tão bem alimentada como era de se desejar. Helena não estranhou as dificuldades nem o trabalho, mas lamentava pelo marido, pela cunhada e mesmo por Cláudio que, apesar de nada fazer, andava sempre irritado e revoltado. Não mais o luxo dos salões nem as conquistas de mulheres elegantes e belas, mas, como o vício do amor era uma constante em seu coração, partira para aquelas que podiam partilhar com ele alguns momentos de ilusão.

Afora os membros que anteriormente constituíam

a família, ela se via aumentada. Helena trouxera, para conviver com eles, como resultado do amor que a unira a Luís, uma linda menina que chegara num momento bastante difícil. Ela contava já dois anos de idade e recebera, por escolha do pai, o nome de Cecília, e passara a ser a alegria do lar para todos, que, envolvidos com a graça infantil, esqueciam-se das agruras sofridas.

Certa vez, em conversa com Helena, Luís falou:

— Lembro-me, diante desta situação que enfrentamos, de seu pai!

— Como, se nem o conheceu?

— Não o conheci, mas como todos os pais querem o melhor para os filhos, embora nem sempre consigam lhes proporcionar, lembrei-me de que, ao visitar sua mãe pela primeira vez, ela falou-me dos planos dele em relação a você. Mesmo desejando-lhe o melhor, ela viu-se obrigada a fazê-la trabalhar, contrariando o que pretendiam para a sua educação.

— Não fosse aquele trabalho, eu nunca o teria conhecido!

— Se eu não a tivesse encontrado, não saberia suportar tanto sofrimento.

— As dificuldades são grandes mas estamos vivendo! O nosso amor continua o mesmo e nos trouxe Cecília! Quando ela crescer mais, estaremos melhor. O país está se acalmando, as lutas diminuindo e nós lhe daremos tudo o que pretendemos! Não se esqueça de que ainda temos guardadas as joias! Elas farão um bom dinheiro que nos facilitará um recomeço mais tranquilo, quando o país estiver apaziguado.

CAPÍTULO 7

Tragédia

O país asserenava-se, contudo, nada mais seria como antes. Muitas modificações haviam sido introduzidas na sua administração, e cada cidadão francês que conseguira sobreviver período tão árduo em sofrimentos e expectativas, também não era mais o mesmo.

A alegria dos que sobreviveram, porém, era grande, e a reconstrução de si mesmos e de suas vidas, aos poucos se daria. A experiência da dor facilitara à maioria das pessoas uma nova forma de pensar e de agir, e até os representantes da alta classe ligada à nobreza, tinham outro pensamento. O trabalho, as lutas, os sofrimentos os transformara. Dera-lhes mais experiência de vida, e as esperanças que tinham, após o país ter sido varrido de tantos desmandos, não obstante outros bastante terríveis também tivessem passado a servir de recurso para as pretensões dos que detinham o poder, não eram mais as mesmas de outrora.

82 | **Wanda A. Canutti** pelo espírito *Eça de Queirós*

Uma vida tranquila, acomodada às novas leis a que o país seria obrigado a se submeter; um trabalho que pudesse lhes proporcionar o bem-estar para a sua sobrevivência, eram as suas aspirações, depois de tantas experiências dolorosas.

— Um pouco mais, — dizia Luís — poderemos pensar em começar a vender as joias acumuladas pela nossa família, e uma vida mais tranquila nos será proporcionada! Quero adquirir uma outra casa mais confortável e até conseguir um trabalho menos árduo e mais condizente com a minha educação.

— Não precisaremos de muito! O meu desejo é proporcionar à nossa Cecília uma vida melhor da que eu tive, dar-lhe uma educação digna de uma pessoa como você, e até gostaria de ter outros filhos. Nós ainda seremos muito felizes!

— Preciso conversar com Cláudio! Suportamos a sua insensatez até agora! Antes, não consegui que ele procurasse uma forma de vida mais digna, mas possuíamos o suficiente, e ele gastava do que era seu. Depois, ninguém possuía mais nada, mas a situação do país estava insustentável e o suportamos sem nada fazer. De agora em diante, porém, será diferente. Se ele quiser continuar conosco, terá que trabalhar, prover sua subsistência e ajudar na manutenção da casa. Do contrário, não haverá mais lugar para ele entre nós!

Helena compreendia o marido, dava-lhe razão, conquanto sem se manifestar. Não era possível, diante de um período de tantas dificuldades, que ele vivesse da forma como o fazia. Continuava a sair à noite e passava quase o dia todo dormindo. Ela não se sentia bem na sua presença, nas poucas vezes que cruzavam a sós dentro de casa, pois ele começou a olhá-la de uma forma que a constrangia, e, sem nada dizer, ela procurava afastar-se, indo ao encontro de Aline ou da filha.

Aquele procedimento vinha se agravando e, muitas vezes, quando se cruzavam, ele se referia à sua beleza. De outras, acrescentava que Luís não sabia o que tinha em casa para perder tanto tempo no trabalho.

Helena nunca fizera nenhuma referência a esse fato a ninguém, muito menos a Luís. O atrevimento dele estava crescendo de tal sorte que ousava procurá-la até quando ela estava com a filha, com a desculpa de brincar um pouco com a sobrinha. Enquanto fazia ou dizia alguma gracinha à criança, tinha os olhos fixos na mãe, percorrendo-o por todo o seu corpo, dando-lhe uma sensação desagradável de nudez.

Ela nada dissera a Luís, mas a sua resolução de mandá-lo embora de casa, deixou-a feliz. Estaria mais em paz e evitaria maiores aborrecimentos, porque, se aquele comportamento continuasse, mais dia, menos dia, o marido deveria saber. Sua vida já era de tantos sacrifícios, por que lhe levar aborrecimentos cujo resultado poderia ser desastroso?

Helena procurava preservá-lo de preocupações porque confiava em si mesma, e saberia como se defender, caso ele se atrevesse a importuná-la com algum gesto menos digno. Mas não podia negar que estava vivendo uma situação muito desconfortável dentro da sua própria casa.

Aline ficara muito abalada por todos os sofrimentos passados pela família, alguns dos quais ainda perduravam, por isso, cumpria suas obrigações e não se importava

84 | **Wanda A. Canutti** pelo espírito *Eça de Queirós*

muito com os acontecimentos ao seu redor. O seu coração era amargo pelo próprio desamor em que vivera, mesmo quando desfrutava do conforto que a posição lhes oferecia, mas depois o amargor passou a ser mais constante, e ela pouco falava e nada observava além das suas obrigações.

Nunca presenciara nem mesmo um olhar de Cláudio para Helena, assim como Luís, pois ele era cuidadoso. O irmão era esperto e sabia quando se achegar. Tendo percebido que Helena nada revelara ao marido, ele estava cada vez mais avançando o sinal da decência e do respeito que deve existir entre os membros de uma mesma família, sobretudo entre os que compartilham do mesmo teto.

Todavia, da forma como estava caminhando, talvez ela não pudesse esconder do marido por muito tempo mais. Seria preciso contar-lhe antes que uma situação insustentável se criasse dentro do lar, com possibilidade de ocorrer uma tragédia.

Luís nunca concordou com o modo de vida do irmão, mas nunca conseguiu que ele se modificasse. Vendo a inutilidade de qualquer palavra de aconselhamento ou advertência, resolveu deixá-lo a si mesmo, vendo-o dilapidar a parte que lhe coubera na partilha dos bens de família. O que ainda não fora gasto, ele também tivera confiscado, mas em nada mudou sua vida. Passaram dificuldades até Luís conseguir um trabalho que os provesse do necessário no lar, mas Cláudio continuava o mesmo. Saía todas as noites, embora frequentando outros ambientes, dormia o dia todo e Luís nada fizera, compreendendo a situação difícil do país e o seu próprio modo de ser.

Com o passar do tempo, porém, a situação modificava-
-se. O país recompunha-se, muitos se esforçavam para
conseguir um trabalho mais bem remunerado que lhes
proporcionasse não só o necessário, sem muita parcimônia,
mas um pouco mais de conforto, e não seria possível que
ele continuasse naquela mesma vida de antes.

Luís já havia sido bastante complacente, mas não
podia mais ser conivente com suas atitudes e pensava em
manter com ele uma conversa séria, deixando em suas
mãos a resolução a tomar. Dois caminhos ser-lhe-iam
mostrados: conseguir um trabalho e permanecer com a
família, ou deixá-la de vez, se pretendesse prosseguir com
seus desregramentos.

Helena andava assustada e temerosa, e desejava ver
o cunhado deixar a casa, entretanto, nada podia dizer,
pelo menos até a hora do acerto entre os irmãos. Depois,
sim, conforme o resultado, ela teria de contar ao marido
o que estava ocorrendo.

Uma noite, quando Cláudio se preparava para sair,
Luís foi ao seu quarto, expôs a sua proposta e mais uma
vez o aconselhou a mudar de vida, a fim de que todos se
mantivessem juntos. Caso não concordasse, não haveria
mais lugar para ele naquela casa.

— O que o fez tomar tal decisão? — indagou Cláudio,
demonstrando um certo cinismo. — Você me conhece e
não é de hoje que sou assim! Por que somente agora vem
com essa ideia de me fazer deixar a família? O que sua
mulher inventou a meu respeito?

— Não coloque Helena num assunto que é só
nosso! Estou cansado de sozinho prover esta casa,
quando existe alguém com saúde e energia suficientes

para também trabalhar e nos ajudar a viver melhor.

— Para mim está bem assim! Não vivo como antigamente, mas não vou fazer nada do que me propõe! Eu quero é saber o que Helena lhe disse a meu respeito!

— Por que insiste em colocá-la entre nós? Este assunto é nosso! Se assim procede é porque há algo. Vamos diga, o que há com Helena?

— Eu não queria dizer para não aborrecê-lo, mas você não merece a mulher que tem! Lembre-se de onde a tirou, não podia ser diferente!... Ela não o está respeitando!

Irritado e surpreso, Luís achegou-se ao irmão, pegou-o pelos braços e, sacudindo-o, insistia:

— Vamos, fale, o que Helena tem a ver com o que está dizendo?

— Não fosse ela ter me enredado, você nunca falaria assim comigo! Você me conhece muito bem e, apesar de não concordar com meu modo de vida, sabe que respeito nossa casa, da mesma forma que sempre o respeitei como meu irmão mais velho! Eu sei onde conseguir o que desejo, mas Helena vem me assediando constantemente, e, como eu me recuso, ela deve ter feito intrigas contra mim.

— Você é quem não presta e deve andar importunando-a!

— Pois pergunte-lhe! Se ela tiver coragem, falará a verdade, do contrário, inventará alguma outra para me incriminar.

— Ela nada me disse a seu respeito!

— Pois chame-a aqui e lhe pergunte!

— Você não presta!

Irritado com tanto cinismo, Luís agarrou-se ao irmão e uma luta ferrenha travou-se entre os dois.

Helena e Aline, percebendo que algo estranho e terrí-

Renascendo do Ódio | 87

vel se passava entre ambos, acorreram, bateram insistentemente à porta, mas ninguém abriu. De repente, ouviram um grito abafado de dor e um estertor, como se alguém estivesse perdendo a vida, e mais desesperadas ficaram.

Depois de algum tempo a porta foi aberta, e Luís surgiu com um punhal ensanguentado na mão. Desvairado, passou por elas sem dar atenção.

Aline entrou, deparando-se com Cláudio caído ao chão, esvaindo-se em sangue e já sem vida. Helena correu atrás do marido, tentando falar-lhe, mas ele, transtornado, não a ouvia. Olhava fixamente para o punhal que ainda retinha nas mãos, o mesmo encontrado sobre a mesinha do quarto do irmão, e que ele levava consigo quando saía à noite.

A tragédia se abatera sobre aquele lar!

Tantas dificuldades haviam sido vencidas, tantas humilhações e sofrimentos superados, mas, naquela situação, fora impossível evitar um fim tão trágico.

Jamais Luís tivera intenções de atingir o irmão, muito menos retirando-lhe a vida. Mas o rumo tomado pela discussão, o nome de Helena sendo enxovalhado por uma pessoa que não possuía moral para atacar ninguém, transtornaram Luís a tal ponto que a briga fora inevitável.

Muito mais que a briga, porém, foi a atitude tomada em seguida. Cláudio sempre se armava com um pequeno punhal para sair à noite, mormente quando mudaram de casa e de vida, para se proteger. Nunca se sabia o que poderia acontecer, e, em vez de se precaver, procurando permanecer em casa com a família, tentando mudar de vida, preferiu armar-se.

O pequeno punhal ficava sempre sobre a mesinha de seu quarto, e lá estava pronto para ser escondido em

88 | **Wanda A. Canutti** pelo espírito *Eça de Queirós*

suas vestes, assim que terminasse de se preparar. Mas não houvera tempo. Luís o procurara justamente antes dele sair, por ser a única hora em que se achavam ambos em casa.

O gesto tresloucado, resultado de um momento de desvario praticado por Luís, justamente ele que sempre se esforçara para proteger a família, finalizara com a morte do irmão.

O que aconteceria depois, ninguém saberia prever. Aline, desesperada, chamava por Cláudio, que, em meio a uma poça de sangue, não mais respondia.

Sem pensar, saiu correndo e foi à procura de Luís que ainda mantinha o punhal na mão, tendo Helena ao seu lado sem, contudo, vê-la.

— O que fez você, Luís? Cláudio está morto! O que fez você? — indagava ela, em visível desespero.

— Você o matou!? — indagou terrificada, Helena. — O que houve de tão grave entre vocês? Por que o matou?

Por mais indagassem e gritassem em desespero, Luís nada respondeu.

Cecília que dormia, começou a chorar pelo barulho formado na casa, despertando Helena daquele impasse. Para evitar que a filha presenciasse cena tão trágica e assustadora, ela acorreu ao quarto, apaziguando-a com a sua presença e o seu carinho, fazendo-a dormir novamente.

Helena saiu, fechou a porta do quarto e foi ter com Luís, que já havia deixado o punhal cair ao chão. Aline o tomou, sujando também a mão com o sangue do irmão.

O que se passou naquela noite, naquela casa, foi indescritível. As providências deveriam ser tomadas, mas Aline e Helena, sozinhas, nada poderiam fazer, e assim amanheceu.

Quando o dia clareou, Luís, até então alheio e aturdido pelo que fizera, conseguiu, a custo de tanta insistência de Helena e da irmã, recobrar um pouco do seu senso, e saiu à rua em busca de auxílio.

Logo ele voltou trazendo algumas pessoas que o ajudaram com o irmão, preparando-o para o funeral.

Diante do espanto da irmã e da esposa, ele, sem dar maiores explicações sobre a verdade, disse apenas que o irmão, cansado da vida que levava, sem possibilidade de melhora, impedido de fazer o que sempre gostara pelas circunstâncias em que fora obrigado a viver, e sem nunca ter desejado trabalhar, chegara àquele gesto extremo, e assim fora encontrado.

As duas mulheres, surpresas, nada disseram para não piorar ainda mais aquela situação. O corpo foi retirado da casa, as autoridades avisadas, e ninguém perturbou Luís, pessoa que desfrutava da estima de muitos, pelo bom caráter que sempre revelara em todas as suas ações.

Quanto a Cláudio, quem o conheceu, sabia, exatamente a vida que sempre levava, dissipando os bens que lhe couberam como herança, sem nunca ter se dedicado a um trabalho ou a outra qualquer responsabilidade. Compreendido foi, por alguns, que ele deveria estar com muitos compromissos envolvendo dinheiro, e, sem encontrar outra solução, preferira o suicídio.

Aquele impasse, terrível e inesperado, estava praticamente solucionado. Nenhuma acusação foi feita a Luís. Nunca, ninguém imaginou que ele tivesse sido o causador do crime, e assim poderia prosseguir sua vida tranquilamente.

Entretanto, a tranquilidade que deixou seu nome

90 | **Wanda A. Canutti** pelo espírito *Eça de Queirós*

ileso, seria a mesma que trazia no coração? Se nos lembrarmos do motivo da briga, compreenderemos que o seu coração deveria estar não só atormentado por ter tirado a vida do irmão, mas por tudo o que ele dissera a respeito de Helena.

Sabia que ele não era digno de credibilidade, mas suas palavras haviam sido categóricas. E quem poderia afirmar que ele não estava com a razão? Conhecia a esposa de sobejo, e nunca, a menor desconfiança rondara-lhe o coração e a mente, porém, a situação em que viviam se modificara muito.

Em nenhum momento ela demonstrara ter se cansado dele, ao contrário, corajosa e destemida, sempre o estimulara e o compreendera, como resultado do amor que lhe dedicava.

A mente de Luís era um turbilhão de pensamentos, indagações, dúvidas, conclusões desencontradas, e, ainda mais, a culpa pelo assassinato do irmão.

Depois do sepultamento de Cláudio, novamente a família se reuniu em casa. Aline e Helena entreolhavam-se, esperando que ele desse alguma justificativa pelo ato praticado, mas ele nada disse. Por mais que a irmã insistisse, os reais motivos que o levaram à agressão física nunca foram confessados. Dizia apenas que Cláudio se revoltara à sua intimação para que arranjasse um trabalho ou deixasse a casa para sempre, e o que ele fizera fora em legítima defesa.

Era do conhecimento de todos que Cláudio se utilizava daquele punhal para se defender quando saía à noite, e, revoltado contra o irmão, usara-o para atacá-lo. Durante a luta Luís conseguira retirá-lo de suas mãos e, inopinadamente, sem saber como ocorreu, agrediu-o com ele para não morrer em suas mãos.

As justificativas foram compreensíveis, e o momento, de muita dor e tristeza, sobretudo para Aline que perdia o irmão que também amava.

Cecília fora levada à casa da mãe de Helena e ainda lá permanecia, propiciando-lhes a oportunidade de conversarem sobre o ocorrido, conquanto as explicações de Luís não estivessem completas.

Quando o assunto parecia estar aclarado, Helena, carinhosamente se aproximou do marido, dizendo-lhe:

— Não se atormente mais! Você precisa de repouso! Vamos para o nosso quarto! Cecília ainda está com mamãe, e amanhã eu irei buscá-la. Por hoje, fiquemos só nós e descansemos. As últimas horas nos foram muito penosas. Vamos, querido!

Luís nada respondeu, mas seguiu-a por reconhecer que precisava de descanso. Quando recolhidos, porém, enquanto Helena prosseguia dizendo-lhe palavras de encorajamento e força, ele olhava-a sem ouvir, tão ocupado tinha o pensamento com a lembrança da fala do irmão, desmerecendo a honra e a dignidade dela.

Sem conseguir repousar o suficiente, pelo tormento que trazia no peito, logo pela manhã, levantou-se e foi para o trabalho.

Helena, assim que ele saiu, ajudou Aline nas obrigações primeiras do dia e foi buscar a filha.

A família da mãe de Helena já estava mais recuperada das necessidades prementes por que passaram, sobretudo quando Luís não pôde ajudá-los mais. Seus irmãos, um pouco mais velhos, trabalhavam e supriam a casa do necessário. Muito haviam sofrido por ocasião das rebeliões mais acirradas, mas o pior havia passado e eles estavam se recompondo bem.

Ao entrar, Cecília que corria pela casa, foi ao encontro da mãe, abraçou-a, continuando, depois, nas suas brincadeiras.

A mãe de Helena, ansiosa e curiosa por saber os detalhes da tragédia que os envolvera, pediu à filha maiores esclarecimentos. Ela também pouco sabia da verdade, e contou o que Luís dissera, acrescentando no final:

— Luís está estranho, mamãe!

— Você não pode esquecer-se do que ele passou! De uma forma ou de outra, ele tirou a vida do irmão, e isso deve tê-lo abalado muito.

— Eu não sei se Luís contou toda a verdade! Desconfio que me esconde alguma coisa. Já insisti bastante mas ele nada acrescenta ao que afirmou.

— Logo tudo voltará como antes! Aos poucos irão se esquecendo desse acontecimento!

— Assim espero!

Sem nada revelar sobre o assédio que vinha sofrendo do cunhado, Helena retirou-se, levando a filha. Todavia, a essa lembrança, uma preocupação maior tomou o seu coração, facilitando-lhe muitas indagações: — Teria, Luís, ficado sabendo? Qual o teor da conversa que mantiveram, para ter resultado naquela morte?

Conquanto se preocupasse, deveria calar-se para não agravar o problema. Se Luís nada revelara, deveria ter suas razões e ela as respeitaria.

CAPÍTULO 8

Entendimento

Helena chegou à casa com Cecília, e a nova rotina teve início. Mas quão modificados estariam a partir daquele infausto acontecimento!

Ninguém sofre ou pratica um ato semelhante e prossegue a vida como antes. Aparentemente é provável que ocorra, e como ninguém pode perscrutar o íntimo de ninguém, a vida de cada um decorreria naturalmente. No entanto, se nos fosse dado examinar o que carregavam no coração em tristezas, dúvidas, desconfianças e até arrependimento, veriam quão diferentes estavam.

Luís, apesar dos sentimentos que o levaram a ter cometido ato tão insano, não podia deixar de também sentir remorsos por ter tirado a vida do irmão.

Helena receava o reencontro com o marido, desde que lhe viera à mente a possibilidade de ele estar desconfiado do seu comportamento. Não sabia o que o cunhado dissera, nem se Luís andara imaginando coisas. Se ele

94 | **Wanda A. Canutti** pelo espírito *Eça de Queirós*

sempre fora paciente com as extravagâncias do irmão, por que tomara a resolução de lhe dar um ultimato que resultara no crime?

Como encararia o marido, depois dessas reflexões? O melhor seria nada dizer, assim como também ele próprio nada comentara, e continuar como o fizera até então, tratando-o com o mesmo carinho e dedicação de sempre, porque ele precisaria muito mais. Esforçar-se-ia e não deixaria transparecer suas indagações e receios, pois amava-o muito e queria conservar o seu casamento a todo o custo.

Quanto à Aline, tão fragilizada e circunspecta, depois do crime ocorrido no lar, parecia muito pior.

Entretanto, mesmo com tristezas, dores, desconfianças, receios e remorsos, a vida tem de seguir avante, porque ela exige muito de cada um em tarefas de resgates, neste orbe, e mais exigirá daqueles que mais se comprometem. As lutas diárias pela sobrevivência precisam continuar, e aqueles corações já abalados pelo que haviam sofrido por ocasião da perda de seus bens e das dificuldades enfrentadas depois, também precisariam prosseguir, agora em piores condições.

Helena foi percebendo que Luís não era o mesmo em relação a ela. Deixara de ser carinhoso e atencioso, voltando-se mais para a filha, deixando-a, às vezes, falando sozinha, por não lhe dar atenção.

Todavia, ele ainda a amava, mas a atitude de Cláudio fora cruel demais. Até que ponto suas acusações seriam verdadeiras? Se ele não tivera medo de fazer acusações, pedindo ao irmão que a chamasse, era porque não temia confrontos e, quem não os teme, está com a verdade.

O seu íntimo era um tormento!

Pensou em conversar francamente com Helena, fazer indagações, mas, de antemão era sabedor, nunca ela confirmaria. Ao mesmo tempo supunha que as acusações de Cláudio não seriam verdadeiras, uma vez que ela continuava a ser a mesma carinhosa e dedicada de sempre, demonstrando-lhe muito amor.

Suas ideias desencontradas, suas reflexões, suas indagações, atormentavam-no cada vez mais perturbando o seu trabalho, cujo rendimento estava ficando bastante prejudicado e visível aos olhos dos patrões. Entendiam o que ele havia passado — o suicídio do irmão — mas obrigação era obrigação e, ao invés de ter suas dores amenizadas, com o passar do tempo, parecia agravarem--se mais.

Chegou até a ser advertido. Explicaram-lhe que estavam sendo pacientes por compreenderem o momento de tristeza vivido por ele, mas era hora de recuperar-se. Caso não retornasse ao seu desempenho anterior, não poderiam mais retê-lo no emprego.

Luís ouviu mas não deu atenção. O seu senso de responsabilidade para com a família parecia haver se perdido, e ele ficava mais entregue a si mesmo.

No lar, ainda era pior! Aline, visivelmente abalada, mostrava-se cada vez mais indiferente às suas obrigações, e ele, ao chegar à casa, o tormento de todas as suas angústias aumentava, tornando-o mais taciturno. Mesmo com Cecília, para quem havia se voltado, estava indiferente e ausente.

96 | **Wanda A. Canutti** pelo espírito *Eça de Queirós*

Helena era a única a manter o equilíbrio entre os familiares, e não estava mais suportando aquela situação. Nada do que fizesse, nenhum esforço para retirar o marido daquela prostração e indiferença, aliviando-o, surtia efeito.

Encorajada a jogar uma cartada decisiva, certa noite, quando Luís se recolheu ao quarto para o repouso que nem sempre conseguia ter, delicadamente ela o abordou com a intenção de fazê-lo falar:

— Querido Luís, vejo o sofrimento em seu coração a todo instante, e vejo também que perdeu a alegria de viver. Seja qual for o motivo que o levou àquele gesto, tudo já passou, a vida prossegue e nós precisamos muito de você! Por todo o amor que lhe dedico, eu tenho sofrido com o seu sofrimento! Cecília não tem sido mais alvo da sua atenção e, sem saber o que houve, a pobrezinha, ao vê-lo, retrai-se assustada, tantas vezes a tem repelido. Ela não entende o que vai na sua alma e também sofre por não contar mais com os carinhos do pai que adora. Eu tenho tentado compreendê-lo e até ajudá-lo, mas você não me ouve e também me rejeita. O que vai na sua alma de tão grave? Não foi só aquele ato o causador desse tormento! Deve haver algo inconfessável! Fale, Luís! Seja o que for, é preferível falar a atormentar-se, fazendo-nos sofrer também por não sabermos o que se passa com você que amamos tanto.

Luís mantinha-se cabisbaixo, sentado na cama, ouvindo Helena. Como ele não dava sinais de que iria se manifestar, ela começou a acariciar seus cabelos, insistindo:

— Abra o seu coração, meu querido! Se você sofre, não sofremos menos por vê-lo assim! Lembre-se do nosso amor, de tudo o que fez para me conquistar porque me amava, e agora me despreza. Eu nada fiz para merecer esse tratamento! Amo-o cada vez mais e quero ajudá-lo! Fale, o que houve?

Luís, ao ouvir suas doces palavras, a confissão do seu amor, sentindo os seus carinhos, voltou-se e abraçou-a intensamente, derramando lágrimas de desespero e de dor.

— Fale, meu querido, far-lhe-á bem! — insistia ela. — Confia nesta que o ama e tem feito desse amor a razão do seu viver!

— Eu não mereço o seu amor, minha querida! — finalmente exclamou ele. — Eu duvidei de você, envenenado por Cláudio!

— Então é isso! Não precisa dizer mais nada! Eu compreendo agora! Devia tê-lo compreendido antes! Nunca lhe contei nada para poupá-lo de sofrimento e porque sabia me preservar. Sempre fui alvo de assédios, sobretudo naquele trabalho onde você me conheceu, e sempre soube como me manter afastada de todo e qualquer atrevimento. A verdade é que Cláudio, algum tempo antes do acontecido, começou a lançar-me olhares maliciosos e até a fazer certas insinuações, mas eu nada revelei para evitar males maiores. Você precisa confiar em mim e acreditar nas minhas palavras! Revoltado por tê-lo mandado embora, naquela noite, ele deve ter querido vingar-se e inverteu a situação. Eu sabia que algo muito sério deveria ter havido, como causa daquele gesto, mas

98 | **Wanda A. Canutti** pelo espírito *Eça de Queirós*

esperava a sua confissão. Precisa acreditar em mim! Você sabia muito bem o irmão que tinha, para ter acreditado nele, sofrendo tanto e nos fazendo sofrer. Graças a Deus, agora tudo voltará a ser como antes!

— Nada mais será como antes! Como viverei tendo tirado a vida do meu irmão?

— Foi a fatalidade! Você não o procurou com essa intenção. Tem que esquecer o que houve! Lembre-se de Cecília e de mim que precisamos de você, do seu amor! Apegue-se a nós, que o ajudaremos! Cecília, mesmo sem compreender, ajudá-lo-á e muito! Ela não pode ser desprezada também como o tem sido!

— Vou tentar, Helena! Vou tentar, mas minha alma está muito atormentada!

— Se me permitir, eu o farei esquecer! Eu o ajudarei, basta aceitar o meu oferecimento e esforçar-se, não se entregando à dor como o tem feito! Se acreditar em mim, é hora de modificar-se, do contrário, entenderei que nenhuma das minhas palavras penetrou no seu coração, e você acredita mais nele que em mim.

— Perdoe-me, Helena, eu acredito em você, mas estou sofrendo! Aceito a sua ajuda, preciso muito dela para não enlouquecer. Traga-me de volta ao seu amor e à nossa família! Ajuda-me a esquecer e a reconstruir a minha vida!

— Não foi sempre essa a minha atitude, desde que perdeu os bens e precisamos mudar completamente de vida?

— Agora é diferente! Não foram prejuízos materiais, mas o atingido foi o coração!

— Não há dor que não se cure, se nos esforçarmos para isso!

— Eu tenho sido um fraco!

— Você nunca foi fraco, haja vista tudo o que passamos e as lutas que enfrentou! Você é forte! Queira ajudar-se também! Só a minha ajuda, sem o seu esforço, de nada valerá!

— Vou esforçar-me! Perdoe-me, querida, perdoe-me!

— Não me peça perdão que nada tenho a perdoar-lhe. Peça-o a você mesmo pelo sofrimento que tem levado ao seu coração!

Pareceu à Helena, ter conseguido o que pretendia. Fizera Luís falar e, quando expomos as chagas do nosso coração a quem nos ama e deseja ajudar-nos, logo elas se cicatrizam. Assim ela esperava. Fizera o que o coração mandara e a sua razão exigia, em favor do marido, da filha, e em favor de si mesma, para que o amor e a união familiar não ruíssem.

Ela abraçou fortemente o marido, encorajando-o ainda mais, completando por dizer:

— Juntos, meu querido, venceremos esta situação! Numa família cujos membros se amam, ninguém deve sofrer sozinho! O sofrimento repartido torna-se muito menor e suportável, e um tem condições de, mesmo sofrendo, ajudar o outro, e é o que faremos mutuamente! Descansemos agora, que amanhã será um novo despertar. Poderemos auxiliar também Aline que vive transtornada.

Luís, submissamente acatou as recomendações da esposa, deitou-se, mas, antes de dormir, ainda implorou-lhe:

— Querida, esteja sempre comigo, não me deixe desfalecer!

— Estaremos juntos, seja o que for que tivermos de enfrentar!

De fato, na manhã seguinte, após um repouso tranquilo, resultado do alívio da compreensão, Luís levantou-se para o trabalho e estava diferente. Antes de sair, quis ver a filha que ainda dormia, dizendo:

— A partir de hoje, minha querida, o seu paizinho retorna e lhe dará muito amor!

CAPÍTULO 9

A volta

Tudo parecia caminhar conforme Helena pretendia e se esforçava para conseguir, e a família foi retornando à tranquilidade anterior ao acontecido. Mesmo Aline, pelos esforços de Helena e Luís, estava se recompondo, e assim passaram-se alguns meses, completando quase um ano daquele terrível acontecimento.

Cecília contava três anos de idade, e vez por outra perguntava pelo tio que nunca mais vira.

Uma noite, porém, quando Luís retornava ao lar, após ter cumprido o seu dia de trabalho, Cecília, vendo-o entrar, indagou:

— Onde encontrou titio Cláudio, papai?

— Eu não o encontrei, querida! Titio Cláudio foi viajar e ainda não voltou!

— Voltou, sim! Ele entrou com o senhor!

— Eu vim sozinho!

— Ele está com o senhor, rindo muito!

102 | **Wanda A. Canutti** pelo espírito *Eça de Queirós*

Helena, preocupada e assustada, pegou a filha no colo desejando distraí-la, mas Cláudio, que acompanhava o irmão, aproximou-se de ambas.

— Agora ele saiu de junto de papai e está perto de nós duas, de mamãe e de mim!

— Vamos para o quarto, filha! Depois você volta e fica com papai!

Luís, não entendendo o que a filha dizia, levou suas palavras à conta das fantasias infantis e não deu importância!

Na verdade, a pequena Cecília não estava enganada nem criando fantasias. Cláudio ali estava! Retornava em Espírito, trazido pelo ódio que sentia do irmão e de Helena, ódio esse que irrompeu no seu Espírito ao tomar conhecimento de que não estava mais vivendo entre eles, por ter sido vítima do irmão. Ah, momentos terríveis ele viveu!

Desde o instante em que aquele punhal adentrara o seu corpo, expulsando dele o Espírito que o animava, esse mesmo Espírito vagou inconscientemente por muitos recantos e, como um desvairado, não tinha pouso.

Aos poucos, porém, a consciência de si mesmo foi retornando pelo próprio esforço que fazia para recobrá-la, desejando dar um rumo àquela vida de nômade sem sossego, e assim pôde ter, num momento em que parara num local tranquilo para repousar, toda a recordação da cena final.

— Então é isso?! — descobriu ele. — Aquele miserável tirou-me a vida depois de mandar-me embora da nossa própria casa! Envenenado por Helena, ele resolveu tomar aquela atitude, acabando por matar-me. Ela é muito mais culpada! Não fosse ela, Luís nunca me teria mandado embora. Ele sempre soube compreender o meu modo de vida, sempre respeitou meus hábitos. Assim que puder, me colocarei entre ambos, e aí eles verão se conseguirão expulsar-me! Nenhum punhal conseguirá fazê-lo novamente!

Tomada essa resolução, Cláudio começou um trabalho de recomposição mais apurada de suas ideias, passou a concatená-las com mais cuidado, e até um plano muito bem urdido conseguiu elaborar, para concretizar sua vingança.

Ele voltaria, sim, voltaria, e ninguém, naquela casa, seria mais a mesma pessoa!

Pobre lar de Luís e Helena!

Os momentos de completa ventura haviam sido tão poucos... Após, um desencadear de desventuras se abateu sobre eles e, a cada período que eram obrigados a passar, era sempre pior do que o anteriormente enfrentado.

A derrocada financeira fora difícil, mas acomodaram-se. O que enfrentaram depois, pela morte de Cláudio, fora pior porque atingira a alma e o coração, e deixara as mãos de Luís tintas pelo sangue do irmão.

E agora, o que se achegava, como seria?

Eles não tinham noção do que os aguardava, nem acreditavam nas visões da pequena Cecília, mas a verdade era que ele lá estava, disposto a interferir na vida de ambos, com toda a força do ódio que trazia.

Ah, os tormentos desse período que se avizinhava,

104 | **Wanda A. Canutti** pelo espírito *Eça de Queirós*

com certeza, seriam mais atrozes que os anteriores! Não haveria lutas a enfrentar, não haveria perda de bens, não haveria crimes, mas o que lhes estava reservado, seria muito mais terrível pelas próprias condições em que se apresentaria.

Como lutar contra o invisível, contra o que não conheciam e no qual nem acreditavam? Se ele realmente ali estivesse entre eles, o que faria? O que poderia um ser, naquelas condições, fazer contra alguém?

O desconhecimento do poder e da força de um Espírito desencarnado e cheio de ódios, é muito perigoso. Ninguém combate o desconhecido! Como lutar contra um Espírito?

Enquanto os alvos dessa espécie de vingança assim pensam, e, insipientes, nada fazem pelo próprio desconhecimento de como agir e pela descrença da possibilidade de qualquer ação desse tipo contra eles, estão facilitando a tomada da situação, dentro dos planos que eles trazem. E assim, ficam à mercê da sua vontade, não sabem o que está se passando, sentem as consequências maléficas daquela presença, mas, impotentes e até descrentes, nada fazem e, inconscientemente, submetem-se.

Esse comportamento era muito natural para a época em que esses fatos se desenrolavam, porque ninguém acreditava que os mortos podiam retornar para prejudicar ninguém.

Após a morte, o Espírito que animou o corpo tinha o seu destino traçado conforme as ações praticadas, e dele não fugia de modo algum. Todos possuíam o seu lugar assegurado no céu ou no inferno, e nele permaneciam de forma perene. Restava ainda aquela posição intermediária — o purgatório, único de onde tinham chance de sair, depois de purgados os pecados, mas nem esses perturbavam ninguém, porque, de lá, saíam direto para as delícias celestiais.

Ah, crenças que ainda perduram até hoje na maior parte da humanidade terrena, apesar de tantos esclarecimentos de Espíritos abnegados, apesar de tantas evidências. Os fatos aí estão, as verdades abertas a todos para que se esclareçam, reflitam e deixem de sofrer tanto, mas a maioria mantém os olhos fechados.

O alívio da dor só vem do conhecimento. Aqueles que o procuram e o absorvem como verdades eternas e redentoras, para melhor viverem através do esforço de se modificarem, estão promovendo o seu aprendizado e, de cada lição, retirando aquilo de que necessitam para a sua evolução espiritual.

Entretanto, naquela época estavam longe desse conhecimento. Somente alguns iluminados pelo progresso espiritual já conquistado, tinham uma leve noção do que realmente se passava, pelo dom da intuição de que eram dotados, sem contudo, saberem explicar com precisão.

Os fenômenos que muitos presenciavam eram casos à parte. Deles utilizavam-se sem nenhuma base científica, apegados apenas aos resultados, sem se aprofundarem no conhecimento das verdades eternas, das quais tinham apenas noções primárias, nem sempre verdadeiras.

Indiscutível era que Cláudio lá estava entre eles, trazendo um plano para desenvolver, e, com certeza, o faria.

106 | **Wanda A. Canutti** pelo espírito *Eça de Queirós*

Resta-nos saber o que e como o faria.

A rotina do lar de Helena e Luís prosseguia, depois que se recompusera, e a família vivia mais acomodada e serena, esperando, todos eles, poder, um dia, ter uma vida um pouco melhor.

As joias nunca mais foram vistas nem tocadas desde o dia em que as trouxeram, tão bem escondidas foram por Luís, na nova casa que habitavam. Eram uma esperança sempre acalentada, a única que poderia lhes proporcionar, quando o momento chegasse, um pouco mais de conforto. Quanto mais o tempo passava, mais próxima ficava a hora de começar a vendê-las de forma bem cuidadosa, uma de cada vez, alternando os lugares de venda para não gerar suspeitas. Desse modo iriam perfazendo uma importância que lhes permitiria a aquisição de uma casa melhor, porque venderiam a que conservaram e, das duas importâncias reunidas, partiriam para o que tanto almejavam, readquirindo um pouco da dignidade desfrutada anteriormente.

Quando estivessem mais bem instalados, Luís procuraria um trabalho mais condizente com sua capacidade e cultura, e a vida lhes retornaria menos árdua, menos humilhante.

O momento estava chegando, o país estava mais acomodado, o interesse dos governantes voltava-se para outras direções, porque, o que puderam retirar daqueles que lhes ofereceram algumas vantagens, já o haviam feito.

Todas essas esperanças se haviam reacendido, desde que Helena trouxera, com o seu amor e compreensão, Luís de volta à realidade, e a união familiar novamente se instalou entre eles.

A lembrança de Cláudio ia desvanecendo-se, e aquele momento terrível, ficando mais distante, deixando-os mais tranquilos.

Em todos os planos elaborados, jamais poderiam imaginar que um dia, Cláudio, com toda a força do seu ódio, estivesse de volta. Ele estava morto, e o destino dos mortos não era mais entre os vivos.

Porém, ele ali estava!

Chegara trazendo um plano, e nenhum plano elaborado com ódio, pode ser construtor da harmonia, da paz e do bem-estar, mas destruidor. Quanto maior o ódio, maior fervor na destruição.

As palavras de Cecília foram esquecidas, e, em dois ou três dias ninguém mais tocou no assunto. Cláudio, embora continuasse entre eles, fazia empenho para não se deixar ver pela criança. Os outros, sabia que não o viam nem o veriam nunca, mas a menina trazia aquela possibilidade com a qual ele não contara. Por isso, precisava ser cauteloso, não obstante nada poderiam fazer, mesmo que o vissem. Apenas o obrigaria a modificar seus planos, forçando-o a agir com mais rapidez, desastrando os resultados e diminuindo as delícias do prazer que o efeito de cada iniciativa sua lhe pudesse proporcionar.

Ele não vinha com pressa. Que outra coisa poderia fazer além do que pretendia, além do que esperava realizar vagarosa e cuidadosamente, para a maior certeza, eficácia e prazer pelos resultados que obteria?

Assim, em dois ou três dias a paz retornou, e ele, que se retraíra e se acomodara, preparava-se para começar a sua ação.

Qual dos dois seria o primeiro alvo de seu ódio? Ele sabia muito bem! De nada lhe adiantaria submeter um à sua vontade e deixar o outro bem. Muito melhor seria se se interpusesse entre ambos e sobre eles agisse ao mesmo tempo. Por que deveriam prosseguir se amando dentro do entendimento e da paz? Não foram eles os causadores da sua desdita?

Portanto, teriam de passar por momentos que os fizessem lembrar-se dele a todo instante, sem, contudo, vê-lo.

Não era Luís um modelo de homem correto, honesto, íntegro? Não era ele fiel ao amor que sentia por Helena? Não era Helena o modelo de esposa e de mãe, amando e respeitando o marido, como se ele e a filha fossem a única razão do seu viver?

Ah, não existiam fora do lar tantos atrativos muito mais importantes e agradáveis, de maior prazer, que aquela vidinha insípida vivida pelos dois? — Era óbvio que sim! Por que não despertar em cada um a ilusão por esses prazeres?

Luís, apesar das dificuldades, guardava ainda muito do seu requinte e elegância, e, talvez, pela própria rudez a que fora obrigado a viver, tornara-se mais atraente, evidenciaram-se seus traços viris, muito importantes para aqueles que se entregam ao amor fácil.

Quanto à Helena, com o passar do tempo, sua beleza mais se acentuara, perdendo aquela expressão de menina ingênua, ganhando a beleza da mulher que é cobiçada.

Ambos eram possuidores dos dotes que ele desejava e esperava utilizar para trabalhar o plano que trouxera, e o faria com cautela, com tempo e muita dedicação.

Cuidadosamente, sem muita pressa, mas com bastante intensidade nos momentos em que se aproximava, Cláudio foi acercando-se primeiro do irmão, e, a cada vez que assim procedia, emitia-lhe pensamentos de monotonia, aborrecimento e cansaço pela vida que levava, sempre trabalhando para retirar apenas o necessário para a sua sobrevivência e a da sua família, ainda com muita parcimônia e equilíbrio, a fim de que, pelo menos o suficiente não lhes faltasse.

Luís começou a chegar a casa, no fim da tarde, mais cansado do que normalmente o fazia, e a revolta pela vida começou a transparecer através das suas palavras, das suas atitudes.

Quando Helena lhe falava, tinha sempre uma resposta pronta que a deixava entristecida e magoada. Até com a pequena Cecília que o aguardava com ansiedade, mostrava-se impaciente e, muitas vezes, afastava-a, alegando cansaço e indisposição.

Cláudio via o irmão bastante receptivo às suas sugestões, sentindo estar chegando exatamente ao ponto que desejava para retirá-lo do lar.

Nessa preparação, algum tempo ele despendeu, e, ao julgá-lo pronto, foi acrescentando, cuidadosamente, alguns pensamentos de liberdade: — Por que não se distrair um pouco? Por que essa vida tão cansativa de casa para o trabalho e do trabalho para casa, se tantos lugares havia para extravasar aquela tensão que o oprimia cada vez mais? Por que ficar circunscrito apenas à companhia da esposa, a quem não via mais como antes, da filha que

110 | **Wanda A. Canutti** pelo espírito *Eça de Queirós*

perturbava o seu repouso, e da irmã, sempre calada e circunspecta? Tantos lugares havia onde pessoas alegres o fariam esquecer as amarguras da vida, sem ter que aturar a mesma rotina de sempre, as mesmas pessoas, se a cada noite poderia ter outras diferentes para sua companhia e muito mais agradáveis?

Ah, como o irmão era receptivo! Como assimilava com fidelidade e segurança cada palavra que lhe dizia!

Tanto trabalhou a mente do pobre Luís, que, uma noite, ao chegar à casa, sem nada dizer à esposa nem a ninguém, preparou-se com uma das roupas elegantes de outrora, que ainda as mantinha guardadas. Helena, sem compreender, e já cansada e preocupada pelas atitudes assumidas por ele, há algum tempo, indagava o que ele iria fazer. Cláudio, considerando estar conseguindo a sua primeira vitória, mais se aproximava do irmão, e, deixando-o alheio a qualquer pergunta, dizia-lhe:

— Você não precisa responder nada! Ela não deve saber aonde vai! Suas atitudes, só a você pertencem! Onde está a liberdade de que sempre desfrutou? Se o lar o oprime, se as pessoas o aborrecem, você deve divertir--se! E é hoje que sua vida vai mudar! Você tem direito a um pouco de felicidade!

Atento a esses pensamentos que lhe jorravam na mente com grande intensidade, Luís não dava ouvidos às perguntas da esposa e, sem nada lhe dizer, deixou o lar.

Aonde iria ele? O que teria acontecido? — perguntava--se Helena. — O seu marido havia mudado muito. Ela mantinha-se a mesma, procurando compreendê-lo e auxiliá-lo com seu estímulo, seus carinhos, mas, até estes últimos ele estava recusando.

Muito preocupada e magoada, Helena viu as horas passarem sem conseguir dormir, atenta ao mais leve ruído, esperando-o voltar. Quase ao amanhecer, ele chegou e, sem lhe dar nenhuma satisfação, deitou-se ao seu lado e logo adormeceu.

As horas passaram, mas Helena manteve-se acordada, até que, no horário habitual em que diariamente se levantava para começar as obrigações do dia, ela o acordou. Sob protestos e até grosserias, ele respondeu:

— Deixe-me dormir! Não vê que estou cansado!

— É hora do seu trabalho, meu querido!

— Eu não irei hoje! Estou descobrindo uma vida muito melhor do que só a de trabalhar!

Assustada com essa resposta, Helena imediatamente lembrou-se de Cláudio. Eram palavras muito semelhantes a essas que respondia, quando algum familiar o concitava à mudança de vida, ao trabalho.

— Meu querido, está parecendo seu irmão! Era ele que assim respondia quando você recriminava o seu modo de vida! Lembra-se do que aconteceu quando você foi conversar com ele?

— Hoje compreendo, ele estava com a razão! Devia tê-lo acompanhado sempre nos seus divertimentos, ao invés de ter permanecido nesta minha vida sem graça!

— Não fale assim! Nós não representamos nada para você?

— Sobre isso, falaremos outra ocasião! Agora deixe-me dormir e não me aborreça mais! Hoje não tem obrigação que me faça levantar!

O que teria sido feito da vida de seu marido? Por

que, além de ter mudado seu modo de agir para com ela, agora, depois de uma noite de divertimentos, recusava-se a trabalhar? Não fora ele sempre tão responsável e cumpridor de suas obrigações, sacrificando-se em favor do bem-estar da família?

Por mais pensasse, Helena não conseguia entender o que poderia ter havido para tê-lo transformado tanto. E se aquela situação perdurasse? Se ele começasse a agir como o irmão, dormindo o dia todo e, à noite, saindo para se divertir?

O que o cunhado fazia era grave, mas ele não tinha esposa e filhos, e, além disso, tinha o irmão que trabalhava e provia a família do necessário.

E se Luís não trabalhasse mais? Se começasse a faltar, poderia ser mandado embora, e um outro emprego estava muito difícil.

Tantos pensamentos ameaçadores passaram por sua mente e ela, diante do marido que até rude se mostrava, estava impotente para agir. Se aquela atitude não fosse mais além, se se limitasse a uma vez apenas, não haveria mal. Todavia, tinha toda a aparência de que iria continuar, e o ocorrido na noite anterior, o início de uma nova etapa terrível em suas vidas, muito mais cruel do que tudo enfrentado até então. Antes havia o amor e a união familiar, e um transmitia alento e força ao outro. Agora, porém, com tantas mudanças, o que seria deles todos?

Helena pensava na filha, no quanto ela amava o pai, pensava em si mesma, em todo o amor que dedicava ao marido, e temia, temia muito.

Renascendo do Ódio | 113

O que seria da família se ele continuasse naquela vida?

A essas indagações, um pensamento tenebroso, como resposta, assomou-lhe à mente e ela assustou-se, porque não era dela, mas transmitido por aquele que se instalara na casa para destruí-los. — Se assim continuar, — sugeria ele — um meio muito simples e fácil há, que promoverá a subsistência de sua filha e sua também, com muito mais conforto que aquele que ele lhes vem proporcionando.

Helena tremeu! Como tivera pensamento tão terrível? Sempre se mantivera fiel ao marido em todas as circunstâncias adversas, como traí-lo de forma tão vil e vergonhosa?

Contudo, o pensamento crescia e mostrava-lhe novas nuances, insistindo:

— Antes você possuía o amor de seu marido, hoje não o tem mais, haja vista o que ele fez esta noite! Se a amasse, jamais teria saído para se divertir! Você pode fazer o mesmo! Por que somente ele pode sair de casa, deixando-a? Se ele perder o trabalho, até a miséria fará parte desta casa!

Helena reagia, procurava mudar o rumo dos pensamentos, voltava-os para a filha, mas não adiantava. Eles eram insistentes e permaneciam, expandindo-se cada vez mais. Apavorada consigo mesma, julgando-se imoral, deixou o quarto e foi ver a filha, encontrando-a ainda adormecida. Mas, nem junto daquele anjo de candura e inocência, os pensamentos se modificaram. Cláudio a havia acompanhado e continuava, mostrando-lhe outras razões para induzi-la a proceder conforme lhe sugeria.

— Veja esta criança inocente que não tem culpa do pai que

114 | **Wanda A. Canutti** pelo espírito *Eça de Queirós*

tem e não pode ser afetada pela miséria que rondará este lar! Por ela, somente por ela, pelo seu bem-estar e pela sua boa educação, você deve fazer o que tem em mente.

Helena, entendendo que aqueles pensamentos eram estranhos e contrários a todos os princípios de moral que sempre mantivera, levou as mãos à cabeça, segurando-a, desejando comprimi-la, como se ela fosse culpada daquelas ideias, e começou a repetir em voz alta:

— Eu não quero, eu não quero, eu não quero...

Com sua fala, Cecília acordou, vendo-a a seu lado. Helena recuperou-se daquela manifestação, e, visivelmente nervosa, abraçou-se à filha com muita intensidade, exclamando:

— Não será por você que me perderei, minha querida! Trabalharei, farei tudo para manter-me íntegra, por você, minha querida, por você!

Cláudio, que assistia àquela cena comovente, como jocosamente a classificou, ria muito, muito, e, de si para consigo, dizia:

— Veremos! Quero ver onde conseguirá trabalho! Quero ver quando essa mesma que quer preservar da vergonha de ter a mãe despudorada, começar a chorar de fome, e seu marido continuar a se divertir, fazendo dívidas! Eu serei paciente!... Tudo já está planejado! Você e Luís, ambos estão em minhas mãos e eu serei implacável. Vocês cairão justamente nos mesmos pontos que condenavam em mim. Farão exatamente o que eu fazia, com a agravante de que eu não era casado nem pai!

CAPÍTULO  10

Subjugação

As cadeias nas quais Cláudio aprisionava Luís e Helena, cada um segundo o seu interesse, estavam se formando.

Os pensamentos eram emitidos e captados com facilidade, e o mais grave para eles, mas muito favorável a Cláudio, é que estavam sendo obedecidos.

Ele estava se constituindo numa fonte de comando que não encontra nenhuma resistência em seus comandados, e, como se máquinas fossem, obedeciam aos seus dirigentes. Entretanto, o irmão e a cunhada eram muito mais que isso! Máquinas não têm vontade nem raciocínio e foram criadas para executar comandos programados, nada mais...

Assim posto, o que dizer do que acontecia com Luís e começava a acontecer com Helena, ou pode acontecer com qualquer ser humano em condições idênticas? Onde fica a personalidade de cada um com suas vontades e

116 | **Wanda A. Canutti** pelo espírito *Eça de Queirós*

desejos, e onde está o comando do próprio pensamento?

O trabalho que esses Espíritos realizam é muito intenso. Nulificam a vontade, aniquilam os próprios desejos e dissipam os pensamentos. E, de uma forma total, intensa e profunda, tomam conta de tudo, e o subjugado obedece como se todas as ações e pensamentos fossem os seus somente.

Mesmo que atitudes mudem, que o seu modo de pensar se modifique e os retirem da vida de normalidade que desfrutavam anteriormente, ainda assim não acreditam que estejam sendo alvos de assédios de entidades que queiram prejudicá-los pelos mais variados motivos, mais frequentemente, por vingança. — Sou dono da minha vontade, comando os meus pensamentos e faço só o que quero! — afirmam com segurança.

Hoje em dia há muitos recursos para detectar-se o que está ocorrendo, quando situações semelhantes se apresentam. Basta que cada um compreenda o mundo extra-corpóreo que está a sua volta, e o influencia muito mais que ele possa imaginar.

Que dizer desse acontecimento no tempo em que a nossa história se desenvolve, e não possuíam esse conhecimento?

O único jeito era submeter-se sem saber que estavam sendo dominados, e cada um era induzido justamente nos pontos que interessavam aos subjugadores, atingir. No caso de Luís, era o cansaço da vida de trabalho, das privações e da miséria, o cansaço da vida insípida de dedicação ao lar e aos familiares, estimulando-o a libertar-se das amarras que o prendiam. E ele, que sempre fora

Renascendo do Ódio | 117

equilibrado e responsável, não pensava mais nem em como sobreviver e prover a subsistência dos seus, se não mais trabalhasse. Era fora de dúvida que, se começasse a faltar ao trabalho, se se sentisse nele como alguém em uma prisão, a revolta tomaria conta do seu ser, o rendimento cairia, e ele seria despedido.

Quando uma obsessão assim tão intensa envolve o ser encarnado, ele nada pensa. Deixa-se pensar pelo ser que o envolve e, como este quer prejudicá-lo, fá-lo agir exatamente para que tal aconteça. Nulifica qualquer pensamento bom que ainda insista em se sublevar às suas sugestões, aniquila os seus bons princípios e o tem completamente em suas mãos, exatamente como Cláudio pretendia e começava a conseguir.[1]

Aquelas ideias, não obstante assustadoras, permaneceram na mente de Helena por todo o dia. Tudo o que é estranho a nós mesmos e nos surpreende, é motivo de uma atenção mais acurada de nossa parte.

Luís passou o dia todo deitado e não se levantou nem para as refeições.

No fim da tarde, porém, a exemplo do que o irmão fazia, levantou-se, banhou-se e preparou-se novamente com muito cuidado, aos olhos indagadores de Helena que não se atrevia a dizer-lhe nenhuma palavra, mas pensava:

— Se ele for novamente, não demorará muito eu

---

[1] Vide em "O Livro dos Médiuns", de Kardec, o capítulo XXIII, "Da obsessão". (nota da médium)

118 | **Wanda A. Canutti** pelo espírito *Eça de Queirós*

farei o mesmo! Não é justo o que Luís está começando a fazer comigo!

Sem dar atenção à presença da esposa, ele preparou--se, sentou-se à mesa, e, desejando comer alguma coisa, solicitou de Helena que o servisse.

— Vai sair novamente? — ousou ela perguntar.

— Pedi apenas que me servisse mas não a autorizei a fazer indagações.

— Por enquanto ainda temos o que comer, mas, se começar a imitar o seu irmão e ficar sem trabalhar, em poucos dias não teremos mais nada.

Luís não respondeu. Cláudio envolvia-o de tal forma, nulificando os pensamentos do irmão e insistindo com os seus.

Helena serviu-lhe o jantar, mesmo antes do horário costumeiro da casa, e ele comeu só. Terminando, foi ao quarto completar o esmero da sua aparência e deixou o lar.

Helena compreendeu que ele não a atenderia e, em poucos dias, a miséria total seria a companheira constante de todos eles. Tentaria novamente lhe falar. Na manhã seguinte, porém, ao fazê-lo, tão subjugado ele estava pelo Espírito do irmão, que não lhe deu ouvidos.

Era o que Cláudio esperava, acontecesse, e do que precisava, para voltar com mais uma parte da sua influenciação sobre a cunhada. E assim fê-lo com toda a intensidade do seu ódio, desejando desencaminhá-la, com consequências mais graves do que estava conseguindo com o irmão.

Enquanto Luís dormia o repouso daqueles que estão

cansados pelos excessos de uma noite de frivolidades e até de sensualidade desenfreada, ele trabalhava Helena, em quem não estava encontrando tanta resistência quanto encontrara no dia anterior.

Ele não tinha pressa, era paciente, e estava considerando o seu, um ótimo trabalho. Realizava-o com mais facilidade do que esperava e, muito antes do previsto, conseguiria aniquilar os dois.

Nesse mesmo comportamento, Luís permaneceu ainda alguns dias, e o dinheiro da casa, aquele que ele trouxera como resultado do seu salário, havia terminado.

— Deve haver um jeito, ainda! — disse Helena de si para consigo. — Vou procurar o local de trabalho de Luís, e ver se ainda há algum dinheiro para receber, que nos ajude por mais alguns dias!

Enquanto o marido dormia, após uma noite de devassidão, ela fez o que imaginara, mas foi inútil. Ele já havia procurado o patrão, recebido o que tinha direito pelos dias que trabalhara, e nada levara ao lar. Até o emprego estava perdido.

— Com certeza, é esse dinheiro que está utilizando todas as noites, porém, — concluiu Helena — não devia ser muito e, para essas extravagâncias, muito mais é necessário. Não é com um pouco do resultado de um trabalho simples e honesto que se leva uma vida como a que Luís vem levando.

Cecília novamente sentia a falta do pai, mas nem mesmo à tarde, quando ele se levantava e se preparava para sair, dava-lhe atenção.

120 | **Wanda A. Canutti** pelo espírito *Eça de Queirós*

Aline andava mais aturdida do que até então, e, sem compreender o que estava acontecendo, repetia com frequência:

— Sempre insisti com Cláudio para mudar de vida e, depois que ele morreu, é Luís quem procede do mesmo jeito!

Nada mais que isso ela dizia, e Helena não tinha com quem desabafar suas tristezas, mágoas, decepção e desesperança.

Quando a via desalentada, Cláudio aproximava-se mais e repetia tudo o que lhe vinha insinuando há dias e insistindo. A situação da casa piorava e ela não via outra solução, senão tentar algum emprego. Já havia saído algumas vezes com essa finalidade, mas estava difícil. Onde trabalharia ela? Quem confiaria no trabalho de uma mulher, quando havia tantos homens disputando uma simples vaga em qualquer local de trabalho?

Muito procurou, muito andou, indagou e desesperançou... Já estavam passando privações, e o alimento para a filha começava a faltar.

Os seus princípios de moral eram rígidos e ela temia não conseguir realizar o que seria inevitável, mas não via outra solução.

Até a mãe procurou, mas a situação na sua família também não era das melhores. Ela andava adoentada, os filhos mais velhos estavam desempregados, e viviam apenas do pouco que o mais jovem trazia para casa, de um emprego simples e mal remunerado.

Não havia outro meio! Helena teria que aniquilar princípios e fazer o que era necessário, para não morrerem de fome. Todas as portas estavam fechadas para ela, porém, se quisesse, outras se abririam e se escancarariam para recebê-la. Eram as portas para onde Cláudio a empurrava, portas que a conduziriam a uma vida dissoluta; portas que a fariam romper com os princípios de moral que sempre mantivera, portas que a levariam a um poço tão profundo, do qual talvez ela não pudesse regressar nunca mais, e, se o fizesse, não sairia sem estar manchada de lama.

O que lhe restava fazer?

O marido não a ouvia, pois se desligara de toda e qualquer responsabilidade para com a família. Com a cunhada não poderia contar, e, se dificuldades houve para ela mesma quanto a um emprego, muito mais haveria para Aline.

A filha já não tinha mais o alimento com o qual estava habituada, e tão importante ao organismo de uma criança. Para eles mesmos começava a faltar o necessário, mas nem assim Luís se comovia.

Ah, lembrou-se Helena, temos as joias!... Elas foram preservadas e, uma que fosse vendida, dar-lhes-ia o necessário para algum tempo, entretanto, onde estariam? A guarda das joias havia ficado com Luís, e ela não sabia onde ele as escondera, resguardando-as de serem confiscadas.

À tarde, faria a última tentativa. Pediria uma delas e encarregar-se-ia, ela própria, de negociá-la. Tinha consciência de que ninguém lhe daria o justo valor, que nem ela saberia quanto, mas algum dinheiro levaria para casa para prover-lhes do necessário por algum tempo.

122 | **Wanda A. Canutti** pelo espírito *Eça de Queirós*

Se nem as joias lhe fossem dadas, não lhe restaria outra solução. Aquela noite mesma teria que sufocar princípios e sair em busca de algum dinheiro.

Seu coração chorava de dor, mas era o inevitável. Cláudio incentivava-a, não a deixando esquecer essa possibilidade, como única solução possível diante da situação que enfrentavam.

À tarde, quando percebeu que o marido se levantava, Helena foi ter com ele no quarto, para essa conversa tão privada. Expôs-lhe a situação em que se encontravam e tudo o que havia feito para conseguir algum alimento para o lar. Falou em nome da filha, apelando para que ele retornasse à sua vida antiga; falou-lhe do amor que antes sentiam um pelo outro, enfim, apelou para todos os recursos que pôde para devolvê-lo ao seio dos familiares, à vida correta, mas nada adiantou.

Luís era outra pessoa!

Cláudio se postara tão junto a ele emitindo-lhe pensamentos contrários ao que ela esperava, e nada do que lhe dissera teve a menor ressonância em seu coração.

— Se de nada adianta falar-lhe, se nem Cecília lhe importa mais, pelo menos dê-me uma das joias de família, das que temos guardadas para nossa melhoria de vida, como você mesmo afirmava! Eu a venderei e conseguirei algum dinheiro para continuarmos mais um pouco.

A este último apelo, Cláudio colocou com muita intensidade a mão na cabeça do irmão, impedindo-lhe de raciocinar por si próprio, ao mesmo tempo que lhe emitia seus próprios pensamentos:

— Não se atreva a me falar nas joias! — exclamou Luís, esbravejando. — São bens de família com os quais você nada tem a ver!

— Mas nossa filha tem! Ela está sendo privada do alimento de que mais precisa!

— Dela cuide você e não me aborreça mais com problemas de família!

— E você, que dinheiro utiliza para suas noitadas? Ninguém vive como está vivendo sem gastar muito dinheiro! Enquanto desperdiça com seus prazeres, nós passamos necessidades, principalmente Cecília!

Luís não deu atenção, terminou de preparar-se e logo saiu, sem procurar nenhum alimento.

Assim que ele deixou o lar, Cláudio que o assediara até então, não o acompanhou. Era muito mais importante ficar! Permaneceu junto de Helena, prosseguindo com seus conselhos e, tão persistente e categórico foi, que, em pouco tempo, ela estava cuidando de si e, resoluta, preparou-se para sair.

Procurou Aline e pediu-lhe, estivesse atenta em Cecília, pois precisava sair. Quem sabe, justificou-se, o emprego que não havia conseguido durante o dia, não o conseguiria com mais facilidade à noite?

Conversou com a filha, fê-la dormir, e, quando a viu tranquila, deixou o lar com o coração transido de dor, mas resoluta. Cláudio acompanhava-a para não fazê-la fraquejar, e induzia-a ao lugar onde desejava, ela estivesse.

Helena caminhava sem rumo, no seu entender, mas ele sabia muito bem onde a levava.

124 | **Wanda A. Canutti** pelo espírito *Eça de Queirós*

Paris guardava muitos segredos para os amigos da noite, e aqueles que a utilizavam para o repouso de um dia de trabalho, sequer poderiam imaginar, existissem. Cláudio, porém, que sempre vivera muito mais na noite que no dia, conhecia-os muito bem a cada um, e tinha já, reservado, um lugar onde ela adentraria para cumprir sua determinação, e do qual sairia levando uma boa importância em dinheiro, para suprir as despesas da casa.

Assim teria que ser, para entusiasmá-la e não fazê-la desistir logo no início. Depois, sim, quando tivesse tomado gosto pelos prazeres noturnos e pelo dinheiro fácil, outros locais a aguardavam. Locais que a levariam a descer cada vez mais na escala da moral que ela sempre prezou.

Sem enxergar bem por onde passava, ela caminhava, tímida, mas decidida. De repente, parou diante de uma casa de divertimentos, um lugar bastante requintado e frequentado por pessoas de grandes posses.

Cláudio impeliu-a a entrar. A sala onde se encontrou era grande, na qual havia muitos casais se divertindo com bebidas, ao som de músicas alegres. Gargalhadas aumentavam o som que ecoava no ambiente, e ela, um tanto assustada, parou.

— Não foi para isso que veio? — indagava-lhe Cláudio. — Então?! Vamos, não vacile! Pense em Cecília! Continue que amanhã ela terá melhor alimento! Vamos!

Enquanto assim insistia e ela, meio aturdida, receava, aproximou-se um senhor já meio idoso, daqueles que passam as noites desfrutando dos prazeres da companhia de mulheres jovens e tímidas, de preferência, e indagou-lhe:

Renascendo do Ódio | 125

— Deseja fazer-me companhia? Estou só esta noite e vejo que também o está. Venha comigo! Sou bastante conhecido aqui e sei de um lugar onde ficaremos à vontade e a sós!

Sem nada dizer, Helena foi se deixando levar. Ele atravessou o salão e penetrou num pequeno recinto reservado, luxuoso, onde se viam almofadas macias espalhadas pelo chão, e uma pequena mesa com duas poltronas aguardando os hóspedes especiais. Um criado, à porta, esperava a ordem para trazer as bebidas, e logo o ambiente se fez.

Helena estava constrangida, mas o cavalheiro insistiu em colocá-la à vontade.

— Gosto de mulheres tímidas como você! Como veio parar neste lugar? Sinto que vem pela primeira vez! Sempre estou por aqui, mas nunca a vi! O que a trouxe?

Helena ouvia-o sem vontade de responder, porém, quando a bebida foi trazida ele insistiu para que ela bebesse. Sentindo que de outro modo não conseguiria suportar aquela presença nem aquele ambiente, foi aceitando e a alegria começou a manifestar-se.

Nada ela revelou das tristezas que seu íntimo abrigava, porque não era o momento, mas deixou-se levar por todas as suas palavras e as suas carícias, tendo terminado a noite em sua companhia, assentindo em tudo o que ele lhe propusera, e, pela madrugada, quando ele, cansado e satisfeito a dispensou, ela levava na bolsa uma importância que daria para a subsistência da família por alguns dias.

— Espero-a hoje à noite! Você fez-me muito

126 | **Wanda A. Canutti** pelo espírito *Eça de Queirós*

feliz e nenhuma outra mulher me interessa por enquanto, somente você! Esteja aqui e nos encontraremos outra vez!

Calada, Helena retirou-se, esgueirando-se pelas paredes e muros das casas por onde passava, como se cada um a acusasse, e ela chegou antes de Luís. Banhou--se e deitou-se, cansada, envergonhada, mas feliz porque havia conseguido o que mais estava faltando na sua casa, ultimamente.

Antes de adormecer, Helena viveu cada momento a que se entregara naquela noite, e envergonhava-se de si mesma, mas não houve outra solução.

Bem que ela se esforçara e apelara para Luís, mas, como nada surtira o resultado desejado e eles precisavam prosseguir vivendo, sobretudo a filha, não lhe restara outra alternativa.

Pensou na mãe, que, apesar de tanto ter sofrido, de tantas necessidades ter passado, soubera manter-se digna do nome de mãe e de esposa fiel que sempre fora. Ah, se ela soubesse o que a filha tão querida estava fazendo, certamente não resistiria de vergonha! Sua vida fora difícil depois da morte do pai, mas Helena ajudava-a com a venda de flores e seus irmãos também levavam algum dinheiro para casa, de pequenos serviços, o que não acontecia em seu lar.

Ela não tinha ninguém! Poderia ter voltado a vender flores, mas a situação do país ainda estava difícil e ninguém se daria ao luxo de levar flores para casa, quando precisavam de pão.

Nessas reflexões, Helena adormeceu sem que Luís

houvesse chegado. E como seria quando ele soubesse? Nada deveria acontecer! Não fora ele mesmo que a atirara, com seus desvarios, àquela situação? Ela tentaria esconder o mais que pudesse, mas não poderia evitar que o marido viesse a saber. O resultado, ela não poderia prever.

Só bem mais tarde, quase o dia amanhecendo, foi que Luís chegou e colocou-se ao seu lado na cama, sem que Helena percebesse. Quando ela despertou, um pouco além do seu horário habitual, ele dormia profundamente. Ela levantou-se e saiu para comprar os gêneros de maior necessidade para o sustento da família.

Aline nada perguntou e ela, também, nada disse. Manteria em segredo o quanto pudesse, essa nova vida que começava a levar. Era apenas o começo, porque fome, todos teriam todos os dias, e a filha precisava alimentar-se bem para não ficar doente.

O dinheiro que levava foi suficiente para um bom abastecimento que a obrigou a voltar para casa de carruagem. Ainda lhe sobrou algum para uma ou outra necessidade urgente, mas restava-lhe a próxima noite, pois aquele senhor dissera que a esperaria.

Helena não precisaria voltar logo em seguida, pois, se o problema era a fome, eles teriam o que comer por algum tempo. Mas o cavalheiro fora generoso e ela não poderia perder. Se faltasse alguns dias, quando voltasse, correria o risco de não encontrar alguém com a bolsa tão farta e fácil como a dele e o problema retornaria.

Ao demais, o difícil fora o primeiro momento, e esse já havia passado. Agora ele era conhecido e tudo seria mais fácil.

128 | **Wanda A. Canutti** pelo espírito *Eça de Queirós*

Não podemos negar que em todos esses pensamentos a influenciação de Cláudio era grande, mas ele percebia, também, que ela aquiescia às suas sugestões com muito mais facilidade, e até passara a dar razões a si mesma, querendo desculpar-se.

Quando a noite chegou e Luís deixou o lar, Helena aprontou-se com o melhor que possuía, pediu para Aline ficar atenta em Cecília, que novamente precisaria sair. Haviam ficado de lhe dar uma resposta para um trabalho e, como conseguira algum dinheiro emprestado que lhe permitira fazer as compras da manhã, precisaria esforçar--se para arranjar um emprego, não só para pagar a dívida, como para continuarem a sobreviver. Essa foi a desculpa que deu à cunhada.

Luís, antes de sair, tomou sua refeição, mas nada perguntou. Assim era melhor! Evitaria mentiras e desculpas e ficaria mais cômodo para ele também.

Por volta do mesmo horário da noite anterior, ela caminhava resoluta pelas ruas, mas dessa vez com o destino certo.

Depois de algum tempo, ganhou a porta de entrada daquele recinto onde fora parar na véspera, encontrando uma grande movimentação. Sem se fazer esperar ou ser convidada, caminhou decidida para o pequeno compartimento já seu conhecido, lá encontrando, servindo--se de alguma bebida, o mesmo senhor com quem estivera na noite anterior. Nova representação Helena teria que efetuar, porque, ao final dela, o pagamento seria alto e compensador.

Colocando-se à disposição daquele que a recebeu

com alegria quando a viu chegar, nova noite de prazeres e sensualidade lhe foi proporcionada, mesmo com o sacrifício daquela que lhe fazia favores, embora ele de nada soubesse.

Aquelas que se dispõem a compartilhar com seus parceiros, uma noite de divertimentos, nem sempre têm escrúpulos e comprazem-se com o que oferecem e com o que recebem, mas Helena era diferente.

Ele percebera sua timidez e recato, porém, a quem está habituado a esses prazeres, o atrativo é maior, tem mais segredos e, por isso, maiores sensações. O cavalheiro estava encantado com Helena, cujo nome nem sabia e ela fazia questão de não revelar. Vendo que sua insistência era inútil, conformou-se em tê-la consigo, chamando-a de "minha tímida companheira".

Quando a dispensou por insistência dela, que por ele teria a sua companhia por mais tempo ainda, Helena despediu-se, levando uma importância maior que a da noite anterior. Ela deslumbrava-o, e ele compensava--a generosamente, para não perdê-la, insistindo para que ela voltasse na noite seguinte, e em muitas mais, enquanto o sabor da novidade lhe trouxesse sensações mais exacerbadas.

Do mesmo modo, Helena voltou ao lar, entrando silenciosamente, antes de Luís chegar.

Cláudio estava exultante. Tudo caminhava a seu bel prazer, sob seu controle total, e, em pouco tempo, aquele lar, outrora digno e honesto, se desfaria por completo e cada um iria amargar a própria sorte.

Era justamente o que ele desejava. Levar cada um

dos dois à mais profunda decadência moral, fazendo-os perder o lar, a união familiar, outrora tão ajustada, e deixá-los separados, ao completo desamparo.

Para início dos planos, não podia queixar-se, e estava feliz.

Restava-lhe ainda um ponto muito importante que seria o início da derrocada final, e este, era um trunfo que ele guardava para o momento certo. O plano havia sido muito bem elaborado e tudo aconteceria na hora certa — nem antes, nem depois, para não perder o efeito.

CAPÍTULO 11

Apogeu

Muitas noites Helena esteve com aquele senhor que a recebia com alegria e a recompensava com generosidade. Contudo, com o passar do tempo, ela percebeu que ele já não se mostrava tão interessado nela, mas recompensava-a da mesma forma e ela prosseguia, tanto para não perder aquele ganho, como para não ter que se sujeitar a outros.

Uma noite, porém, quando chegou e dirigiu-se ao local onde ele sempre a esperava, encontrou-o em companhia de outra pessoa, uma jovem muito bonita que lhe fazia carícias, e ele nem a viu.

Rapidamente ela se retirou, mas, naquele ambiente onde passara a ser conhecida pela frequência com que o visitava, alguns a observavam, principalmente os que trabalhavam na casa, e um deles apresentou-se a ela com uma proposta.

132 | **Wanda A. Canutti** pelo espírito *Eça de Queirós*

— Temos um cavalheiro muito refinado que me recomendou levar para sua companhia alguém interessante e sobretudo bonita. Se a senhora se dispuser a acompanhar-me... Ele tem recompensado muito bem aquelas com quem passa a noite e a senhora não vai arrepender-se. Sua única exigência é que sejam sempre mulheres diferentes.

— Está bem! Já que aqui estou, eu lhe farei companhia!

O servo conduziu-a ao interior da casa, onde muitos quartos eram testemunhas de momentos de alegria e prazer, e parou diante de uma porta. Batendo de leve, abriu-a em seguida, e, como era hábito, introduziu Helena, retirando-se rapidamente.

Um tanto receosa mas decidida, ela caminhou para o interior do quarto, avistando um homem de costas. Percebendo que alguém estava presente, ele começou a voltar-se vagarosamente, como a querer desfrutar do prazer daquele momento em toda a sua plenitude, prolongando-o o mais que pôde.

Qual não foi a surpresa e o espanto de ambos, ao se depararem.

Helena, instintivamente, cobriu o rosto com as mãos, porque, fugir, seria impossível. Ele, boquiaberto e assustado, só conseguiu exprimir com grande pavor:

— Você?!

Era o momento mais acalentado por Cláudio! Enquanto os dois se defrontavam assustados, ele ria muito, muito, pensando: — Era isso o que mais desejava! Como promover a degradação dos dois, sobretudo a dela,

Renascendo do Ódio | 133

se nunca se deparassem, se nunca ele soubesse o que ela anda fazendo?

Ele precisaria saber a mulher que tinha em casa, e nada melhor que ver com os próprios olhos. Era importante que assim acontecesse.

Depois desse momento de grande exultação, durante o qual ele concluiu que todos os seus planos e providências estavam sendo coroados de êxito, Cláudio voltou a prestar atenção à cena que estava à sua frente. Se alongasse o prazer dos primeiros resultados, perderia detalhes importantes...

— Então é isso o quem tem feito? — indagou Luís, aproximando-se, ao mesmo tempo em que a prendia pelos braços, sacudindo-a e esperando uma resposta.

Ela, porém, continuava a esconder o rosto, como se com aquela atitude se eximisse de responsabilidade e da vergonha que estava passando.

— Vamos, descubra o rosto e enfrente-me! — clamava ele. — Vamos para o nosso prazer, não foi para isso que veio?

Mais terrificada ficou Helena. Não seria possível que ele, naquele local e naquelas circunstâncias, a submetesse aos seus prazeres desregrados.

— Pelo amor de Deus, Luís, solte-me! — implorava ela, ainda presa pelas suas mãos.

— Soltá-la para quê? Não veio para divertir-se, pois vamos! — exclamava ele, forçando-a para colocá-la sobre a cama.

— Respeite-me, Luís, sou sua esposa!

— Esposa minha não faz o que você veio fazer!

134 | **Wanda A. Canutti** pelo espírito *Eça de Queirós*

— E como queria que eu desse de comer à nossa filha? Tantas vezes apelei, pedi e lhe implorei que me ouvisse! Falei em nome de nossa filha e você respondeu que dela cuidasse eu! Procurei trabalho em muitos lugares e nada consegui. Não havia outro meio! Você nos abandonou, não pensa mais em nós! Só os divertimentos e os prazeres o preocupam! Resta-me saber como está pagando por tudo isso! O criado disse-me que você recompensava bem! Com quê, Luís? Como tem pago os seus prazeres?

— Fique comigo e, no final, saberá como eu pago! Você será agraciada com a minha generosidade, como qualquer outra que aqui estivesse.

Assim falando, forçou-a a se submeter à sua vontade, e, no final, disse-lhe:

— Aguarde que agora terá sua recompensa! Não é em busca de dinheiro que veio? Eu não tenho dinheiro mas tenho o que lhe irá agradar bastante!

Levantando-se rapidamente, ele retirou do bolso da casaca que descansava no espaldar de uma cadeira, um anel, e atirou-o para ela.

Helena reconheceu-o de imediato! Era o mesmo com que um dia ele a presenteara, como uma joia que pertencera à sua mãe, e depois, quando passaram por aquele período difícil, foi aconselhada a não usá-lo.

Pegando-o e olhando-o atenta, como se ao tocá-lo a lembrança de um tempo feliz voltasse toda à sua mente, Helena exclamou em tom de indagação:

— Então você está acabando com as joias da família!? Teve coragem até de pegar o anel que era meu!?

— Esse anel sempre foi de minha mãe, mas a partir

deste momento é todo seu de direito! Faça com ele o que quiser e agora retire-se! Não quero vê-la mais!

— Ao reconhecer esse anel, veio-me a lembrança de um tempo tão feliz em sua companhia! Não é possível que se tenha transformado tanto, Luís! O que houve com você?

— Deve ser o mesmo que aconteceu com você, pois nos encontramos no mesmo lugar, em busca da mesma finalidade!

— Você está enganado! Se fiz o que fiz, foi porque nossa filha iria passar fome!

— Agora compreendo porque há alguns dias não vem reclamando mais!

— Não tive outra alternativa! Vamos juntos para nossa casa, para nossa filha e recomecemos a nossa vida! Nós nos perdoaremos mutuamente e esqueceremos tudo!

— Jamais esquecerei o instante em que me deparei com você! Vá embora!

— Você não irá para casa?

— Depois resolverei o que fazer! Deixe-me só!

Cláudio que se interpusera entre os dois, deixou-a ir e permaneceu com Luís. Ele é que seria o objeto da sua atuação. Não poderia deixar perder o que havia conseguido. Não deixaria o irmão fraquejar de forma alguma. Queria ver aquele lar, aquela família, outrora feliz e bem constituída, mas que não soubera compreendê-lo, totalmente desmoronada.

As dificuldades financeiras haviam sido atrozes, mas

136 | **Wanda A. Canutti** pelo espírito *Eça de Queirós*

conseguiram sobreviver pelos laços de afeto que os unia.

A única forma de aniquilá-los de vez, seria o desmoronamento daquela união, impelindo-os a fazer justamente o que condenavam nele e que fora causa do crime que lhe tirara a vida.

Não haveria perdão! Seria implacável, e para conseguir seus objetivos, seria incansável e metódico. Sempre fora inteligente e sabia perfeitamente o que e como fazer. Os louros da vitória estava conseguindo com muito mais facilidade do que esperava, com muito maior rapidez do que imaginava.

Agora, porém, que seu plano chegara ao ponto máximo de sua maquinação, ao apogeu do sucesso, restava-lhe fazer o irmão não fraquejar. Não pensar em suas próprias atitudes dos últimos tempos, e apenas condenar a esposa. Afinal, ela era mulher e tinha a obrigação de ser fiel, de manter-se digna, fosse em que circunstâncias fossem.

Desse modo, mais intensa e totalmente, Cláudio acercou-se de Luís, estimulando-o a sustentar as suas atitudes de censura à esposa, porque seria o único meio de vê-los destruídos mais rapidamente.

Helena, com o anel que Luís lhe atirara, fechado em uma das mãos, caminhava pelas ruas de Paris, sem enxergar por onde andava.

A custo chegou à casa muito aturdida.

Luís dissera que não queria mais vê-la, mas ele também errara e muito, induzindo-a, com suas atitudes, a tomar tal decisão — difícil, drástica, imoral, mas a única nas circunstâncias em que se encontravam.

Dirigindo-se ao seu quarto, ainda com o anel apertado na mão, sentou-se na cama e começou a pensar na transformação que se operara em sua vida, outrora de tanta felicidade. Mesmo nos momentos difíceis fora feliz. Lutaram juntos, tinha o amor do marido e, ao vê-lo trabalhar tanto, mais motivada se sentia para estimulá-lo e compreendê-lo.

Indecisa, permaneceu no mesmo lugar por algum tempo, e, quando deu conta de si, sentiu algo incomodando em sua mão. Ao abri-la, teve a visão do anel, o mesmo que um dia recebera com amor, e agora tornara a recebê-lo numa situação de vergonha e degradação.

Só naquele momento ela começou a compreender onde Luís buscava o dinheiro para sustentar a sua vida de devassidão. Ele deveria ter já dilapidado todas as joias da família, justamente as que haviam sido preservadas com tanto cuidado, para ajudá-los na reconstrução de suas vidas.

Não deveria restar mais nada... Se até aquele anel que pertencera à sua mãe e que ele lhe dera de presente num momento de enlevo, fora levado para pagar o seu prazer, nada mais deveria restar. Aquela deveria ser a última peça que tivera para dispor, e o destino, traiçoeiro e conspirador, fizera cair justamente em suas mãos novamente. Até as joias de Aline deveriam ter sido utilizadas para o mesmo fim.

O que aconteceria quando ele voltasse para casa, ela não poderia prever. Mesmo estando errado, ele era o homem e senhor da casa, e, com certeza, a expulsaria.

138 | **Wanda A. Canutti** pelo espírito *Eça de Queirós*

E ela, o que faria? Tinha a filha, a doce e terna Cecília, o enlevo do seu coração naqueles momentos tão difíceis, e causa da atitude que tomara.

Nessas preocupações, ouviu que a porta do quarto se abriu e Luís entrou. Ela só não pôde ver, bem junto dele, como se fossem uma única pessoa, Cláudio.

Helena tremeu, pois teria que ser submissa à sua vontade. Sem se mover, permaneceu na mesma posição e lugar em que se encontrava, mas ele, caminhando até a sua frente, disse-lhe:

— Você não é mais digna de ocupar essa cama! Levante-se e comece a arrumar as suas coisas que irá deixar esta casa.

— Perdoe-me, Luís! Você precisa compreender, não fui só eu que errei! Se assim procedi, foi em consequência dos seus próprios erros. Esqueçamos tudo e comecemos uma vida nova, como a tínhamos antes de você ter se transformado tanto!

— Não ouse criticar minhas atitudes! Não queira justificar o seu comportamento, acusando-me! Nada mais precisa ser dito entre nós! Tudo me foi mostrado e nenhuma palavra diminuirá a sua culpa. Vamos, levante--se desse leito a que não tem mais direito e deixe esta casa! Se quiser encontrar-me novamente a peso de ouro, sabe onde estarei. Como esposa e mãe de minha filha, nunca mais!

— Não quer dizer que tenho de ir embora deixando Cecília!

— Entendeu-o bem! Que exemplo você lhe daria como mãe?

— Tudo fiz por ela! Como deixá-la aqui a mercê do seu comportamento e de Aline, que poucas condições tem de criá-la? E o meu amor por ela, não conta? Ela é tudo o que tenho agora, depois que você me abandonou!

— Agora sabe onde me encontrar, se quiser...

— Cale-se, Luís! Compreenda-me!

— O que precisava compreender, já o fiz! Agora não ouvirei mais nada! Você tem até o romper do dia para deixar esta casa! Nem Cecília verá mais!

— De que forma ela irá viver sem mim e eu sem ela?

— O que acontecerá com você, não me interessa mais!

— Pense também nas suas atitudes! Elas é que me levaram ao que você viu e condena! Não fosse o seu comportamento de agora ainda seríamos felizes!

— Disse que não quero ouvi-la mais! Vamos, apresse-se!

Se ela tivesse a visão além dos olhos do corpo físico, veria Cláudio dominando tão fortemente a vontade do irmão, como se ele mesmo falasse por Luís, tão idênticas eram as palavras que um emitia e o outro pronunciava.

Tudo estava correto, segundo seus objetivos, e não deveria haver perdão. Os louros da primeira parte do seu plano estavam para ser conquistados em pouquíssimos minutos. O suficiente para que o Sol acabasse de chegar e levasse as últimas sombras da noite, espaço de tempo que Helena teria para arrumar os seus pertences e partir.

Vendo que nenhum de seus apelos chegava ao coração do marido, Helena levantou-se e começou a arrumar alguma roupa para levar, o mínimo necessário.

140 | **Wanda A. Canutti** pelo espírito *Eça de Queirós*

Não levaria tudo o que possuía, sobretudo as roupas finas guardadas do tempo em que a abastança e a posição social elevada brindava-os com sua generosidade. Nada mais fora usado, pois ela se limitara a roupas mais simples, desde que foram obrigados a se mudar.

Assim, juntou um pouco do que possuía, deixando ainda um armário cheio, e colocou numa valise, aos olhos do marido que acompanhava o seu trabalho em silêncio. Antes de sair, vendo o anel deixado no lugar que ocupara no leito, ela tomou-o e, entregando-o a Luís, disse-lhe apenas:

— É seu!

Sem mais nada, acompanhada por ele para impedi--la de ir ao quarto da filha, Helena deixou aquela casa onde sofrera muito mas fora feliz. Havia a união familiar, encorajavam-se reciprocamente, e, pelo amor que sentiam, todos os problemas eram superados e, por isso, menos cruéis.

Com o coração partido, preocupada com a filha que amava tanto, parou diante da casa, olhou para um lado, para o outro, sem saber o rumo a seguir, e, instintivamente, tomou a direção que a levaria à casa da mãe.

A passos lentos, pensativa e com o coração sangrando de dor e de vergonha, Helena caminhava.

O que diria à mãe? Nunca lhe mentira nem lhe escondera nada e deveria ser franca. De que forma ela iria recebê-la e receber a sua explicação? Talvez não a compreendesse, justamente ela que passara por momentos tão difíceis e soubera manter-se íntegra nos seus princípios morais.

Envergonhava-se mais ao pensar em tudo o que lhe precisaria dizer, sem esconder nada, porque sempre valorizaram a verdade e a verdade deveria ser exposta.

As ruas ainda não apresentavam o movimento costumeiro. As primeiras pessoas começavam a aparecer — trabalhadores que descansaram à noite e se dirigiam para as suas obrigações. Ela, porém, que tivera uma noite de vergonhosa conturbação, que perdera a confiança do marido embora ele também estivesse em erro e fosse causa da sua atitude menos digna, caminhava... caminhava... levando a valise na mão, e o receio de ter de enfrentar a mãe e pedir-lhe asilo.

Durante o percurso, recordou-se do tempo em que, quase àquela mesma hora, estava já na rua carregando sua cesta de flores, a fim de amealhar algum dinheiro para o sustento da mãe e dos irmãos. Alguns anos haviam decorrido, durante os quais ela vivera o mais lindo sonho de amor que uma mulher pode viver, sofrera junto do marido por ocasião da revolução da qual ainda amargavam as consequências, mas sempre fora íntegra e se sentira feliz.

Bem que ela procurara um meio de viver honestamente, mas, não tendo conseguido, lembrava-se de tudo o que acontecera, e não compreendia como tivera aquele pensamento de ganhar, através do corpo, o dinheiro que faltava em sua casa.

Com certeza, deveria ter havido algum outro meio que ela não pudera enxergar. Pareceu-lhe que, após ter deixado o lar, conseguia pensar mais adequadamente,

142 | **Wanda A. Canutti** pelo espírito *Eça de Queirós*

mais claramente e estranhava-se a si própria. Em outros tempos, mesmo sofrendo, mesmo vendo a filha sem ter o que comer, jamais teria passado por sua mente um único pensamento que a induzisse a conseguir dinheiro de modo tão indigno.

Quanto mais assim pensava, mais envergonhada ficava. Não seria possível que ninguém mais comprasse flores! O amor ainda deveria existir e o desejo de presentear a mulher amada com um delicado ramalhete, não deveria ter perdido o uso e o encanto.

Por que não enxergara como o fazia antes? O que acontecera com sua mente que estivera tão conturbada, como se alguém pensasse por ela e a impelisse à vida na qual se atirara nos últimos tempos? Não compreendia, mas o irremediável estava consumado — perdera o lar, e o que era muito pior, a companhia da filha.

Ao lembrar-se dela, o seu sofrimento era maior. Naquele momento, a sua pequena deveria estar se levantando e iria procurá-la, conforme o fazia todas as manhãs. Como se portaria quando não a encontrasse? O que lhe diriam? E Luís, que atitude tomaria a partir de então?

Nesses pensamentos e indagações, demonstrando grande sofrimento, Helena chegou à casa da mãe. Os irmãos já haviam saído.

Ao vê-la chegar só e com uma valise na mão, a pobre senhora indagou assustada:

— O que aconteceu? Onde estão Luís e Cecília?

Sem conseguir dar resposta, Helena abraçou-se à mãe e chorou muito, muito...

Renascendo do Ódio | 143

— Conte-me, filha, o que houve! Vejo-a sofrendo muito!

— Além do sofrimento, mamãe, trago uma grande vergonha!

— Vergonha de quê? O que fez? Eu a criei muito bem e sempre soube que você seguia os princípios ensinados por mim e demonstrados pelo meu exemplo de vida!

— Eu sei, mamãe! Por isso, a minha vergonha diante da senhora é ainda maior!

— Não me deixe esperando e conte o que aconteceu para não me afligir mais!

— Seria melhor se não soubesse de nada, mas não tenho para onde ir!

— Onde estão Luís e sua filha?

— Ficaram em casa. Luís, ultimamente, mudou muito! Não é mais aquele homem exemplar de antes, e parece não me amar mais!

— Então demorou, mas ele se revelou!

— Não sei o que houve, mamãe! Ele começou a sair todas as noites, como seu irmão fazia, e dormia o dia todo, tendo acabado por perder o emprego. Nossa casa estava passando por muitas necessidades, e Cecília já não tinha quase o que comer. Eu procurei emprego, andei muito e não vi outra solução...

— Que solução, filha? — indagou a mãe com insistência, querendo ouvir de seus próprios lábios o que já havia compreendido.

— Eu não conseguirei explicar, mas alguma força estranha, tirando-me o raciocínio, impeliu-me ao que fiz, e Luís descobriu. Por isso expulsou-me

144 | **Wanda A. Canutti** pelo espírito *Eça de Queirós*

de casa, sem permitir que me despedisse de Cecília.

— Como pôde portar-se dessa forma, filha? O exemplo de sua mãe não foi suficiente?

— Era diferente! A senhora tinha a mim e a meus irmãos! Mesmo assim, eu sei, não tenho perdão! Depois que deixei minha casa, tenho conseguido pensar com mais clareza e não sei como pude me perder...

— Só depois que perdemos tudo é que valorizamos o que possuíamos!

— A senhora irá permitir que eu fique aqui? Eu poderei voltar a vender flores, se outro trabalho não houver! Perdoe-me, mamãe, não me abandone!

— Se assim eu o fizesse, estaria atirando-a a uma vida indigna e isso eu não quero que ocorra. Eu a receberei de volta como minha filha querida, mas exijo respeito! Nossa vida não tem sido fácil e você terá que nos ajudar, mas com um trabalho digno, mesmo com poucos lucros.

— Obrigada, mamãe, muito obrigada! Eu não sei como viverei sem Cecília e ela sem mim!

— Deixemos passar o tempo! Luís poderá reconsiderar! Quem sabe o acontecido não servirá de despertamento para ele mesmo.

— Não tenho esperanças! Parece que, naquela casa, ninguém mais pensa por si próprio!

CAPÍTULO 12

Algumas explicações

Na casa de Luís, após a retirada de Helena, expulsa por ele, o ambiente permanecia, no quarto que ela deixara, pesado e consternador.

Luís ainda não havia caído em si do que fizera, mas trazia na mente todas as lembranças do momento em que, virando-se, deparara com a esposa. O que ele sentiu, não poderia descrever. Contudo, sob o assédio e a influência profunda do irmão, ele humilhou-a o mais que pôde. Não adiantaram apelos nem explicações. Nada o comoveu, e ainda fê-la submeter-se à sua vontade, como se, em sua companhia, tivesse uma qualquer.

Só, em seu quarto, um pouco mais liberto do irmão que havia conseguido o que planejara, Luís pôde pensar em muitas coisas.

Apesar de ter errado, o procedimento de Helena teria justificativas? Ela dera muitas explicações que, passado aquele momento, ele trazia com mais lucidez para as suas reflexões, compreendendo que não havia sido correto para com ela, ultimamente, nem para consigo próprio, uma vez que descera tanto, até o ponto de ver seu lar desmoronado.

Livremente ele pensava, mas, em instantes, Cláudio verificou que a liberdade não lhe estava fazendo bem, pois colocava em risco o que conseguira. Se não prosseguisse, o irmão poderia ir atrás da esposa e pedir-lhe perdão. Assim, voltou a influenciar sua mente contra ela, e Luís esqueceu o momento de lucidez e quase arrependimento pelo qual passara.

Em poucos instantes ouviu que a filha estava acordada, andando pela casa chamando a mãe. O que faria ele? O que lhe diria, para fazê-la compreender?

Deixou o quarto e foi ao seu encontro, tomando-a nos braços.

— Você já se levantou, papai? Onde está mamãe?

— Mamãe precisou sair! Ela demorará bastante e você ficará comigo!

Aline já estava, dentro das suas possibilidades, tomando alguma providência na cozinha e nada sabia do acontecido, mas precisaria saber.

Com algum carinho e distração, Luís conseguiu, por aqueles momentos, acomodar a filha em seu quarto, mas era fora de dúvida que ela continuaria a perguntar pela mãe, constantemente, até compreender que não a veria mais. Deixando-a só, foi à procura de Aline. A irmã, estranhando a sua presença, indagou:

— Está chegando agora ou já se levantou?

— Quero falar com você!

Renascendo do Ódio | 147

— O que houve? Há tanto tempo não dirige a palavra nem a mim nem a ninguém nesta casa! Helena tem sofrido muito por sua causa. Não fosse o emprego que conseguiu à noite, não teríamos mais o que comer.

— É justamente sobre ela que preciso lhe falar!

— O que aconteceu?

— Onde Helena dizia que ia, ao sair? Que emprego era esse a que se referiu?

— Ela não me deu explicações nem eu as pedi! Apenas me recomendava que estivesse atenta em Cecília, e saía. Sempre recebia algum dinheiro que tem dado para as despesas da casa, uma vez que você resolveu tornar-se igual ao Cláudio e esquecer as suas obrigações para com a família. Ele, entretanto, era solteiro, mas você é casado e tem uma filha!

— Não a procurei para falar de mim! Quero apenas explicar-lhe o que Helena estava fazendo durante a noite, a procedência do dinheiro que trazia, e dizer-lhe que, tendo descoberto tudo, eu a expulsei de casa!

Pareceu a Aline não haver compreendido bem as palavras do irmão, tão estupefata ficou. Passados os instantes de surpresa, ela voltou a lhe falar, indagando:

— Quer dizer que Helena não estava procedendo bem, e você, tendo descoberto, expulsou-a desta casa?

— Justamente! Não admito traições nem desavergonhadas em minha casa!

— Se assim a julga, que dizer de você? O que dizer do seu comportamento que a levou a tal atitude? Você é o culpado de tudo e ainda tem o escrúpulo de dizer que não admite desavergonhadas nesta casa? Como considera

148 | **Wanda A. Canutti** pelo espírito *Eça de Queirós*

o que tem feito, levando o desespero de Helena ao ponto que chegou para trazer alimento para casa? Vamos, diga, o que dizer do seu próprio comportamento?

— Repito, não estou aqui para falar de mim!

— Ah, você pode fazer o que quer!? Perdeu o emprego por imprevidência e deixou a família passando necessidade! E quando ela resolveu utilizar-se do único meio que viu, depois de ter procurado um emprego por toda a cidade, você a condena, expulsando-a de casa? E agora, como será daqui para a frente? Continuará na vida que vem levando e deixará sua filha passando fome? Sim, porque se fosse por você, já teríamos morrido de fome!

Aline interrompeu por instantes as acusações que fazia ao irmão e, voltando a falar, perguntou:

— Para onde Helena foi?

— Não perguntei, não me interessa saber! Dela, não quero saber de mais nada!

— Você ainda se arrependerá do que fez com Helena e do que vem fazendo com sua própria vida! Até quando, Luís? O que será de mim e sobretudo de Cecília, uma criança que precisa de alimento, é certo, mas, muito mais, do amor dos pais. Há quanto tempo você não dá atenção a ela? A mãe dava-lhe explicações, desculpando-o perante ela, mas você fez justamente o contrário, acusou-a e expulsou-a desta casa!

— Chega! Não quero ouvir mais nada! — esbravejou ele. — Chega, chega de tanto falar de mim! Vim apenas para lhe comunicar que Helena não estará mais entre nós e nada mais!

Renascendo do Ódio | 149

— É muito fácil condenar os outros e se eximir de culpas!

Sem mais nada querer ouvir, Luís retirou-se de junto da irmã, pensando voltar para seu quarto. Estava cansado e pretendia deitar-se. Em caminho, porém, Cecília foi encontrá-lo, indagando:

— Mamãe já chegou?

— Não, filhinha! Papai explicou que mamãe vai passar bastante tempo fora. Agora você vai ficar apenas com o papai e com a titia Aline!

— Eu nunca vejo o senhor! Quero ficar com a mamãe, quando ela volta?

— Falei que mamãe vai demorar!

— Por que ela não me levou? Eu quero ir com ela, quero a mamãe!

Cecília começou a chorar, atormentando Luís. A tia tomou-a nos braços, levou-a até à cozinha, preparou-lhe um pouco de leite e fê-la tomar.

— Até quando teremos alimento nesta casa? Até quando Cecília terá o seu leite? — indagava-se Aline.

A situação agravava-se intensamente. Se Luís saísse àquela noite, se passasse os dias descansando como vinha fazendo, em poucos dias eles não teriam mais nada para comer, e ela, o que faria? Pelo menos se fosse jovem e bonita não hesitaria em fazer o que Helena havia feito, mas, nem para isso tinha condições. O futuro que os esperava seria negro e não tardaria a chegar, apenas alguns dias mais.

O infortúnio parecia ter se abatido sobre a família.

150 | **Wanda A. Canutti** pelo espírito *Eça de Queirós*

O lar estava desmoronado. Seus membros, pilares que o sustentaram em momentos tão difíceis, estavam no chão. — Helena expulsa do lar. Luís, dominado pelo irmão, sem vontade própria, era um títere em suas mãos. Cecília sem a mãe e sem o carinho do pai, perdido há muito, e Aline, ambas livres do assédio de Cláudio, mas sofriam-lhe as consequências.

Ah, se eles pudessem compreender o que se passava! Se pudessem ver quem estava entre eles e entender tal atuação.

Nunca teriam condições para isso, porque nunca supuseram que alguém, depois de morto, pudesse continuar entre eles e promover um assédio tão acirrado, a ponto de causar a ruína de uma família, fazendo desmoronar cada um de seus membros, em seu caráter, em sua honestidade, em sua vida íntegra de esforço, de trabalho e de responsabilidades.

Assim Cláudio agia sobre eles, modificando-os a seu bel-prazer, como vingança e ódio pelo que lhe havia acontecido.

Até quando, porém, teriam que sofrer aquela influência perniciosa? Até quando se veriam retirados de suas vidas de responsabilidade e atirados a uma vida dissoluta de prejuízos morais e materiais?

Ninguém poderia prever!

Enquanto Cláudio tivesse sua ação livre, nada seria diferente. Cessaria apenas quando ele, compreendendo o erro que cometia, se afastasse, liberando-os. Todavia, ao chegar esse dia, os prejuízos já haviam sido tantos, que muitas marcas teriam sido deixadas.

Aquele que tem ódio quer arrasar, destruir, e o que faz e consegue, nunca considera suficiente — quer mais e mais, e, por si mesmo, é muito difícil abandonar a empreitada maléfica que se impôs.

De que outra forma, então, aquela situação poderia modificar-se?

Nos tempos atuais seria fácil, pois os conhecimentos espirituais estão bastante divulgados e desenvolvidos, mas, naquela época, nada se conhecia sobre o Espírito e a maioria duvidava até que o tivesse animando o seu corpo.

Como um problema daqueles poderia ser resolvido e os atingidos auxiliados?

Temos já o conhecimento e a compreensão de que vivemos muitas vidas, durante as quais nem sempre praticamos atos que nos elevam perante o Pai, mas prejudicamos e fizemos sofrer. Se assim procedemos, todas as nossas ações em prejuízo a outrem, têm que ser ressarcidas, e ninguém ressarce débitos sem sofrimentos. Por essa assertiva, o que nos acontece é aproveitado pelo Pai que sabe das nossas necessidades, e utiliza as ocorrências menos felizes que nos envolvem, como meio de resgate.

Isto não quer dizer, porém, que, aqueles que praticam os atos infelizes contra seus irmãos, mesmo necessitados de resgatar compromissos, não adquiram também os seus débitos.

Diante do exposto, os leitores poderão perguntar:
— Deus aprova o sofrimento, porque assim estamos nos libertando de dívidas passadas?

De forma alguma um Pai tão amoroso, que só quer o

152 | Wanda A. Canutti pelo espírito *Eça de Queirós*

bem de Seus filhos, quer vê-los sofrer, nem que ninguém imponha sofrimentos a seus irmãos. Ele tem sua própria forma de fazer Seus filhos ressarcirem débitos.

Podemos dizer, pois, que Helena e Luís ressarciam débitos através daquela atuação tão intensa de Cláudio, que não deixava, também, de assumir suas responsabilidades pelo que fazia e, um dia, teria que ressarci-las. O importante é que todos aqueles acontecimentos estavam lhes servindo de resgates, mesmo a Cecília e Aline, embora não sofrendo diretamente o assédio de Cláudio.

Nada pode ser perdido! As ocorrências infelizes daqueles que ainda não conseguiram compreender o verdadeiro sentido dos ensinamentos de Jesus, também são aproveitadas.

Desse modo, perguntamos: — Então aquela entidade infeliz ficaria junto deles até quando bem entendesse, até quando se cansasse e, retirando-se, os deixaria aniquilados de vez?

Deus tem muitas formas de fazer o sofrimento cessar, quando vê chegado o momento, e para ele diz: — Não mais continuarás!

Como Todo Poderoso, Ele, na hora certa, promoveria os recursos de auxílio, não só a Luís e Helena, que lhes sofriam as consequências, mas muito mais a Cláudio, já liberto do corpo e, justamente por isso, com as oportunidades mais limitadas.

Os que permanecem na Terra, têm, a cada dia, a cada hora, para não dizer a cada minuto, infinitas oportunidades, quando conseguem enxergar algo mais além de si mesmos, e desejam aprimorar-se pelas ações

Renascendo do Ódio | 153

no bem, pelas múltiplas atitudes que são levados a tomar no seu dia a dia.

Quem já partiu e se encontra no Mundo Espiritual, encerrou a jornada terrena e também tem oportunidades infindas e muito mais amplas, mas de natureza diferente.

Cláudio havia encerrado sua existência terrena muito cedo, em virtude do assassinato de que fora vítima, mas o próprio rumo que dera à sua vida o levara a tal fim. Não que estejamos justificando a ação do irmão, que nenhuma explicação nesse sentido atenua-lhe o compromisso, mas, como toda responsabilidade tem muitas nuances de gradação, Luís fora levado pelas próprias circunstâncias, e de forma alguma trazia planejado aquele crime.

Culpado, sim, ele era, mas sua culpa tinha atenuantes. Se Cláudio tivesse compreendido e aceitado sua nova situação, muitos males teriam sido evitados, porque aquele que carrega em si o ódio, com a agravante do desejo de vingança, compromete-se muito mais, sobretudo quando para ela realiza um plano e o executa em todos os seus pormenores, até conseguir o que deseja. Era o que ele estava realizando e conseguindo exatamente como pretendia.

O lar do irmão já estava desmoronado e quem ele julgou, fora a causa daquela ação infeliz, recebera também a sua parte. Perdera a honra e o lar com o marido e a filha, e amargaria pelo resto da vida a sua atitude.

No seu entender, Helena prosseguiria na vida que ele a induzira a levar, porque nenhuma outra oportunidade de sobrevivência encontraria. Depois da sua retirada do lar, tendo conseguido o que considerava o apogeu do

154 | **Wanda A. Canutti** pelo espírito *Eça de Queirós*

seu plano, ele a abandonara. O que aconteceria com ela a partir daquele momento, não lhe interessava mais, fizesse ela o que bem entendesse.

O importante e necessário era prosseguir sua ação sobre o irmão, para não deixá-lo fraquejar e, em algum instante de lucidez, ir procurá-la e trazê-la de volta. Isto não podia acontecer! Jamais ela transporia a porta que a unisse novamente ao marido.

A Cecília, o que ocorresse, pouco se lhe dava. Era ainda uma criança, — linda, por sinal, e muito parecida com a mãe — e como as crianças se adaptam logo às novas situações, em pouco tempo não se lembraria mais dela.

O que ele não imaginou era que a família não teria condições de sobrevivência, se Luís continuasse na mesma vida de até então. Embora parasse, não seria fácil conseguir um novo emprego, mas Cláudio ainda não se preocupara com esse particular.

As joias, pelo que Helena pôde compreender, Luís dissipara-as todas. Se até o anel com o qual a presenteara num dia de felicidade, havia sido levado para pagar o seu prazer, era porque nada mais restava...

Passado aquele primeiro impasse, carregando ainda muita dor no coração, sobretudo pela saudade da filha, pelo desconhecimento de como a sua querida Cecília estaria passando e como haviam lhe explicado a sua ausência, Helena esforçou-se para reagir porque precisava realizar algum trabalho.

O que poderia ela fazer, senão voltar ao centro da cidade para vender flores?

Passados dois dias, ela tomou as providências necessárias, arrumou os ramalhetes e, pela manhã bem cedo, tomou sua cesta e caminhou à procura de um ponto para vendê-las.

Ah, como o percurso lhe era diferente! Há anos atrás, ia com o coração leve, cheio de sonhos e esperanças, mesmo antes de ter conhecido Luís. Naquele momento, contudo, andava devagar, a cesta pesava-lhe bastante, mas muito mais pesado estava o seu coração, transmitindo à cesta, a sensação do seu peso, e a ela, a desesperança.

Ser-lhe-ia difícil retomar aquela vida, mas era necessário. Tentaria um novo ponto, não mais aquele onde Luís a conhecera, nem aquele em que fora parar perto de sua casa. Não queria nenhuma recordação, nem nada que se interpusesse no seu coração já tão machucado pela dor.

Depois de procurar algum tempo, um lugar encontrou em uma esquina que lhe favoreceria maior afluxo de pessoas. Tomando um dos ramalhetes, encaminhou-se para os transeuntes, estendendo- -o para que compreendessem a sua intenção, sem pronunciar nenhuma palavra. Por mais que tentasse, não conseguia.

A venda estava muito mais difícil que há anos atrás, mas, mesmo assim, conseguiu esvaziar a cesta, embora num espaço de tempo mais longo.

Cansada e sem se alimentar há horas, voltou para a casa da mãe, encontrando-a apreensiva.

Um tanto irônica para esconder a tristeza, ela tranquilizou-a, dizendo-lhe:

— A senhora não precisa ter mais cuidados! Nada pior do que já me aconteceu, poderá ocorrer!

— Não diga isso, filha! Aos poucos seu coração se habituará a esta nova situação e você voltará a ser feliz!

— Longe de minha filha, eu nunca mais serei feliz! Daria minha vida, neste momento, para vê-la, para saber como está passando...

— Não deve torturar-se desse jeito! Um dia vocês ainda estarão todos juntos outra vez. Saiba esperar, seu marido compreenderá o que fez e a perdoará! Ele sempre demonstrou muita bondade, e, além disso, amava-a muito.

— Tudo se modificou, mamãe! Depois daquele crime, nossa vida não foi mais a mesma! Quando Luís parecia acomodar-se, e eu imaginava, voltaríamos a ser felizes, de repente ele se transformou. Dava-me a impressão de que não era mais Luís que tinha em minha companhia, mas Cláudio, seu irmão!

— Você nunca pensou na possibilidade de ser ele mesmo?

— Como, se está morto, e era Luís que eu via junto de mim!

— Compreendo que era assim e sei que Cláudio está morto! Mas, justamente por isso!...

— O que a senhora quer dizer?

— Tenho pensado muito, filha, desde que voltou e contou-me o que ocorreu! Ninguém muda o seu caráter de um instante para outro, e mesmo que alguma modificação ocorra com o passar do tempo, ninguém passa a agir exatamente como outra pessoa. No caso, o seu marido, procedendo como o irmão, como se fosse uma cópia do que ele era, ou melhor dizendo, como se fosse ele mesmo!

— A senhora tem razão, porque Luís passou a agir exatamente como se Cláudio o fosse! Mas o que dizer do meu comportamento?

— Temos a prova de que você não agia por si somente! Quando deixou sua casa e veio para cá, percebeu que estava raciocinando mais livremente.

— A senhora está querendo dizer que Cláudio retornou depois de morto para influenciar Luís e a mim, destruindo o nosso lar e a nós próprios?

— Você deve se lembrar das circunstâncias em que ele morreu! Foi assassinado pelo irmão que o obrigava a deixar a casa se não trabalhasse.

— Não foi só isso, mamãe! Talvez a senhora tenha razão! Cláudio morreu com muito ódio de mim também! Eu nunca lhe contei, mas, antes do crime, ele vivia me importunando com olhares maliciosos, palavras e gestos atrevidos. Eu estava sofrendo muito, mas nunca contei a Luís para não criar problemas maiores. Quando ele o procurou, porém, Cláudio inverteu a situação, colocando-me como culpada pela atitude do irmão. Disse-lhe que, como recusava as minhas propostas por respeito a ele, eu devia tê-lo convencido a expulsá-lo de casa. Eu sofri muito, até que, após tanto insistir, Luís contou-me o que realmente havia acontecido e tudo ficou bem entre nós.

— Esse relato de agora só reforça ainda mais o que venho pensando. Ele voltou para destruir vocês dois

158 | **Wanda A. Canutti** pelo espírito *Eça de Queirós*

e conseguiu! Fê-los perderem-se justamente pelo que condenavam nele!

— Não posso acreditar em nada do que me diz! Não vejo como um morto pode voltar...

Ao dizer estas palavras, uma lembrança acudiu-lhe à mente, e ela exclamou, admirada:

— Mamãe, a senhora pode estar com a razão! Depois de termos voltado a viver bem, numa tarde, quando Luís chegava do trabalho, Cecília, ao vê-lo entrar, indagou-lhe onde ele havia encontrado o titio Cláudio que estava em sua companhia!

— As crianças são inocentes e ela não inventaria nada disso, ainda mais depois de algum tempo sem vê-lo! Vê como eu tenho razão!

— Eu estou assustada, mamãe! Como não pude pensar nisso? Como pude esquecer aquela manifestação de Cecília? E como a senhora, sem saber de nada disso, pôde chegar a essa conclusão?

Helena nunca ouvira ninguém com aquele entendimento das cousas do Espírito.

Não era de estranhar que assim o fosse! Aqueles que sofrem bastante, e, destemidos, enfrentam o sofrimento, adquirem muita força e passam a refletir, a analisar as situações, e, se têm um pouco mais de sensibilidade que o comum das pessoas, compreendem que, além de si mesmos, muito há no invisível para influenciá-los.

Nos seus momentos de grande tristeza e até de desespero pela falta do alimento para os filhos e para si mesma, depois da partida do marido, a mãe de Helena começou a orar e a pedir a ajuda de Deus, para fortalecê--la naquela contingência, mostrando-lhe um caminho no qual ela se sentisse melhor, mais encorajada e mais destemida. E, à medida que pedia e orava, mais se fortalecia, compreendendo que Deus estava atento e auxiliava; que de uma forma ou de outra, Ele não deixava seus filhos ao desamparo, e, se não podia enviar-lhes o alimento para seus corpos, mostrava-lhes caminhos e trazia-lhes coragem ao coração.

Muito ela refletiu e a muitas conclusões chegou, como resultado do que lhe ofereciam em intuições, não obstante nunca poderia compreendê-las totalmente.

Se assim ocorria para que o auxílio fosse prestado quando Deus sentia, aquele que rogava merecia sua ajuda, como não acontecer também o inverso? Como não receber a influência negativa de quem deixou a Terra com ódio e nas condições que Cláudio havia deixado?

Muitas eram as evidências que ela não poderia ignorar. Seguidas vezes sentira junto de si uma presença invisível que, tinha a certeza, só poderia ser a de seu marido, trazendo-lhe encorajamento e força. Por que não poderia, também, haver a presença malévola? Se ele lhe trazia o conforto da esperança, da força e da coragem, e ela, após, se sentia revigorada e fortalecida para prosseguir, por que quem odiava não poderia exercer sua influência nociva àqueles que desejava atingir e prejudicar?

Desses, maior força deveria vir! Eles, certamente, emitiam com muito mais intensidade o que pretendiam, à maneira daqueles que, encarnados, se encontram

160 | **Wanda A. Canutti** pelo espírito *Eça de Queirós*

enraivecidos e irritados, e suas ações são violentas, enquanto quem está calmo, tranquilo, com o coração livre de ódios e ressentimentos, e imbuído do desejo de ajudar, tem os gestos brandos.

Todas essas reflexões a mãe de Helena passou a fazer, depois do retorno da filha à sua casa, e precisava explicar--lhe. Ninguém se modifica tão brusca e repentinamente, desprezando os princípios de moral que sempre abraçou; ninguém se atira, por si só, a uma vida a que os dois se atiraram, se uma influência maléfica muito intensa não os impelisse, com o intuito de destruí-los.

Por que somente ele — Cláudio — se via destruído, quando os dois, considerados como causa da sua desdita, continuavam a viver tranquilos, dentro do amor e do respeito que sempre cuidaram para manter?

A desmantelação fora total, atingira os corações, o lar, enfim, nada restava daquela vida de esperanças e de felicidade que ambos, juntamente com a filha, haviam desfrutado até então.

Aos poucos, com palavras simples como eram do seu entendimento, mas com a profundidade de compreensão daqueles que têm sensibilidade e percebem além dos sentidos do corpo físico, a mãe de Helena explicava o que conseguira compreender.

Helena estava abismada.

— Não compreendo como a senhora tem esses conhecimentos!

— A vida nos ensina muito, filha! Quando nada temos de material, passamos a nos apegar a Deus, e Ele, para nos fortalecer, vai nos esclarecendo.

Renascendo do Ódio | 161

— Ah, se Luís pudesse ter essa compreensão! Se pudesse perceber que está sendo vítima do ódio do irmão, assim como eu mesma o fui, poderia libertar-se e voltaríamos a ser felizes outra vez!

— Do momento em que ele se libertar desse assédio tão intenso e destruidor, voltará a ser o mesmo de antes, e não acreditará em tudo o que fez!

— De que forma ele poderá se libertar de Cláudio, mamãe?

— Eu não sei, filha, mas não será fácil! Precisamos orar muito, pedir a Deus que o ajude e nos ajude a compreender melhor este momento, e, talvez, nós mesmos possamos ajudá-lo. Quem sabe, Deus, ouvindo as nossas preces, não nos mostre um caminho para que a vida de vocês se recomponha!

— A senhora deu-me novas esperanças! Se Luís não quer mais me ver nem deixar que eu veja Cecília, não poderá impedir-me de orar muito por ele e até por Cláudio, para que compreenda a verdadeira intenção de Luís ao procurá-lo, e saiba, também, que eu nunca o preveni contra ele, em nenhum momento.

Enquanto alguma esperança se achegava ao coração de Helena, ainda ferido e muito sofredor, na casa de Luís, a situação complicava-se.

Cláudio continuava junto do irmão de modo intenso, mas alguma coisa havia mudado. Não mais insistia em levá-lo fora do lar, à noite, porque sua pretensão maior já havia se concretizado.

Desde que Helena deixara o lar, depois daquela

162 | **Wanda A. Canutti** pelo espírito *Eça de Queirós*

infortunada noite, Luís não saiu mais, mas o ambiente da casa estava terrível.

Cecília continuava a falar na mãe e a perguntar por ela o tempo todo, insistindo para levarem-na para sua companhia.

Aline, indignada e revoltada contra a atitude do irmão, e atarefada com todas as responsabilidades da casa, acrescidas dos cuidados com Cecília, andava atrapalhada e bastante irritada. Os alimentos providenciados por Helena estavam se findando, e mais preocupada ainda ela ficava.

Luís, apesar de não ter mais saído à noite, passava quase o dia todo deitado, sem se animar a procurar um trabalho, por mais que Aline insistisse.

A situação piorava a olhos vistos, e ele nada fazia para revertê-la, causando ainda mais a revolta da irmã.

Mais alguns dias passaram, os víveres armazenados terminaram e não tinham mais nada nem para a pequena Cecília que chorava de fome.

Aline, nervosa, procurou o irmão, dizendo-lhe irritada:

— Pena que eu não possa fazer o que Helena fez! Não tenho nem a sua beleza nem a sua juventude! Quando o homem da casa não se mexe para suprir as necessidades da família, e a mulher, desesperada, faz a única coisa que pode, é condenada e expulsa do lar. Se você não tomar nenhuma providência, ainda me resta uma alternativa, e essa eu poderei fazer! Sairei à rua implorar a caridade pública! Estenderei minha mão para pedir, e, com certeza, encontrarei alguma alma generosa que se condoa e se comova com as minhas súplicas, dando-me algum dinheiro. Levarei Cecília comigo pois as crianças sempre comovem mais! Ensinar-lhe-ei como pedir, porque é a única alternativa que nos resta, e ninguém nos negará um auxílio.

Ouvindo esse ultimatum, Luís, que se mantivera calado o tempo todo, resolveu responder:

— Não precisa chegar a tanto e não se atreva a levar Cecília em sua companhia! Vou ver se consigo algum dinheiro! Enquanto não conseguir trabalho, ainda tenho um anel para ser vendido e que dará para nossa alimentação por alguns dias.

— Pois veja a que ponto chegou com seus desvarios! Dissipou todas as joias da família, inclusive as minhas, apenas pela satisfação de algumas horas de prazer, deixando-nos na mais extrema miséria, sem ter que voltar a me referir ao gesto de Helena, que condenou, quando você foi muito mais culpado!

Tomando o anel que Helena recusara e lhe deixara ao partir, ele saiu e, em pouco tempo o tinha vendido, não pelo preço do seu justo valor, mas algum dinheiro lhe rendeu que daria para alguns dias de provisões. Enquanto isso ele procuraria um trabalho e tudo voltaria à normalidade. Assim explicando à Aline, ela, tão sofrida e desesperançada, indagou-lhe:

— A que normalidade se refere? Nunca mais nossa vida será semelhante a nenhum período já vivido! Dinheiro farto e posição, nunca mais os teremos! União familiar, já se acabou há muito tempo. Nada mais será como antes! Teremos de prosseguir vivendo, sofrendo,

164 | **Wanda A. Canutti** pelo espírito *Eça de Queirós*

passando necessidade e privações, vendo Cecília crescer sem mãe, tudo porque você, um dia, resolveu se tornar igual ao Cláudio. Apenas ele nunca ocasionou tantos estragos na família, como as suas atitudes de ultimamente. Desculpávamos Cláudio, porque tínhamos confiança em você e a certeza de que contávamos com um homem responsável e íntegro! Por isso, quando você se transformou, tudo ruiu e nós ruímos juntos!

— Chega de tanto falar, Aline! Vou tentar conseguir algum trabalho e vamos recompor nossas vidas!

— Como, Luís? Já pensou no que fez da vida de Helena e de que forma ela deve estar vivendo?

— De Helena não quero saber mais nada!

A conversa ficou encerrada e Luís começou a procurar trabalho, mas não só estava difícil, como havia perdido o entusiasmo. Ele não era o mesmo, ainda que tomando a decisão de trabalhar, pois Cláudio continuava em sua companhia e atuava sobre a sua vontade e atitudes.

Tanto procurou que conseguiu uma colocação entre amigos dos faustos tempos e que se condoeram da sua situação. O trabalho não seria tão rude quanto havia sido o anteriormente desempenhado, mas não lhe renderia muito. Afinal, como não estava em condições de escolher nem de nada recusar, aceitou sem entusiasmo, premido pelas circunstâncias.

CAPÍTULO 13

Plano de auxílio

Num recanto muito afastado das personagens que se movimentam nesta nossa história, mais precisamente onde estão aqueles que nos deixaram na Terra e fizeram jus ao amparo e à proteção do Pai, vamos encontrar alguém que de há muito tinha os olhos voltados para a Terra, para Paris, para os seus familiares, e estava sofrendo pelo que lhes acontecia.

Falamos da mãe de Luís, Aline e Cláudio, que, apesar de se encontrar no Plano Espiritual, preocupava-se muito com os filhos que ficaram.

Não obstante a sua partida e a dor da sua ausência, eles haviam tido um período feliz, junto do pai e da abastança que a posição social e os recursos financeiros lhes conferiam. Mas, mesmo assim, tranquila em relação ao bem-estar de cada um deles, sofria pela saudade.

Quando os olhos do pai já não estavam sobre eles, ela, tomando conhecimento das transformações que

166 | **Wanda A. Canutti** pelo espírito *Eça de Queirós*

envolveram o país, muito se preocupou. Mas depois que cada um conseguiu, mesmo com dificuldade, adaptar-se à nova situação, vendo-os acomodados, ela sentia-se tranquila também.

Os acontecimentos posteriores, porém, foram desastrosos. Ficara feliz pelo casamento do filho, pelo amor que a esposa lhe dedicava, levando-lhe felicidade e novas esperanças, mas nunca poderia imaginar que um dia se visse defrontada com um problema de tão grande monta entre os seus queridos.

Tivera conhecimento da infausta ocorrência com Cláudio e esforçara-se para dar-lhe auxílio. Muitas vezes o procurou, falou-lhe, mas, obcecado pelo ódio, ele nunca pôde vê-la nem ouvi-la, e ela se empenhava em vão, até que, completamente lúcido, ele retornou com seu plano demolidor.

Ah, como sofria aquela pobre mãe! Como o seu coração ficara dilacerado pela dor, ao tomar conhecimento do que ocorria entre os seus entes mais queridos! Quanto implorou auxílio, quanto se movimentou, mas, até então, nada havia conseguido realizar.

Nem sempre, por mais soframos e imploremos em favor daqueles que amamos, podemos ser atendidos.

Todos trazem, ao renascer na Terra, um plano para ser desenvolvido, embora muitas surpresas surjam devido ao livre-arbítrio de cada um, e todo sofrimento ajuda a resgatar débitos anteriormente contraídos. Há situações que ninguém pode interferir, porque é necessário que assim aconteça.

Não estamos querendo justificar nenhum crime, nem

dizer que ele é necessário. Muitas vezes, porém, pelas imperfeições que cada um ainda traz, são praticados, e assim aproveitados para resgates, conquanto quem o tenha cometido não fique isento de culpas.

Em razão de muitos fatos que ainda não eram do conhecimento dela, nada pôde ser feito. Era preciso que Cláudio entendesse, por si mesmo, o mal que estava realizando, e compreendesse que nenhuma vingança traz benefícios a ninguém, pelo contrário, aumenta-lhe os compromissos.

Aquela mãe sofria, os filhos sofriam... A pobre Aline, que tão pouco tivera da vida, mesmo nos tempos felizes da família, e tão fragilizada, mais aflita ainda se encontrava, depois da atitude de Luís contra a esposa.

A sua preocupação de mãe era muito grande e muitas diligências já havia feito em favor dos filhos, mas muito pouco havia conseguido.

Decidida a tomar uma atitude definitiva em favor deles, e sem mais saber o que fazer por si só, resolveu apelar para alguém. Procurou o mentor chefe daquele pouso tranquilo e de muito auxílio em que se encontrava, e expôs toda a desdita que envolvia seus familiares na Terra, implorando-lhe ajuda.

O mentor, bondosamente, ouviu toda a exposição daquela mãe aflita, e depois que ela terminou, ansiando por uma palavra que lhe trouxesse esperança, ele manifestou-se:

— Querida irmã, sua história, com seu pedido, comovem-me! Todos nós que aqui estamos, não obstante compreendamos que fazemos parte da grande família

168 | **Wanda A. Canutti** pelo espírito *Eça de Queirós*

cujo pai é Deus, não conseguimos nos libertar dos laços de amor mais intenso que nos prendem àqueles que fizeram parte de nossa família terrena. Se eles sofrem, sofremos também; se se desviam do caminho reto para o qual nós os direcionamos, a nossa dor não é menor! Todavia, a senhora é sabedora de que as lições terrenas são de grande importância ao Espírito, e nenhuma lição na Terra, extraída de nenhum livro, é tão eficaz quanto aquelas vividas por nossas próprias experiências. Entretanto reconheço, alguma coisa podemos fazer para reencaminhá-los ao bem.

Ao ouvir estas últimas palavras, a alegria daquela mãe se reacendeu e seus olhos se iluminaram, mas nada disse, esperando que ele concluísse sua exposição.

— Um ponto é de capital importância em toda a situação que os envolve e sabe qual é! — prosseguiu ele.

— Sim! Meu filho Cláudio, com sua revolta, seu desejo de vingança e sua atuação intensa sobre meu outro filho, causa de seu retorno ao Mundo Espiritual!

— Posto isso, só uma providência nos resta tomar, para que a paz retorne entre seus familiares, e, quem sabe, a vida harmoniosa daqueles que muito se amaram, possa se refazer.

— A retirada de Cláudio de junto deles!

— Sim, mas adianto-lhe, não será uma tarefa fácil, visto o grande ódio que ele carrega no coração, com o desejo de destruí-los a todos.

— Se me permitisse, gostaria de tomar essa tarefa a mim! As mães sabem como convencer seus filhos rebeldes!

— Não tenha tantas esperanças assim! Ele sabe que, com a sua retirada, a vida do irmão e da cunhada poderá se transformar, e a paz entre eles retornar! Cláudio colocou todos os seus objetivos no plano que realizou e quer vê-lo cumprido a qualquer preço, mesmo que implique no retardamento da sua evolução, na qual ele não está interessado no momento.

— Mesmo assim eu lhe imploro que me permita ajudá-lo!

— Só tenho a louvar as suas boas intenções e toda a tentativa é válida! Entretanto, para um trabalho dessa importância e de tantas dificuldades, não poderá partir sozinha! Eu permitirei que vá em auxílio a seus familiares, mas autorizarei que leve mais alguém em sua companhia! Todo trabalho partilhado é mais bem realizado, desde que ambas as partes o façam com amor.

— E quem poderei levar?

— Deixarei a escolha a seu cargo! É sempre bom trabalharmos com quem nos compreenda e tem verdadeiro desejo de nos ajudar! Poderá escolher, entre seus companheiros, um que se disponha a partir com a senhora!

— Quando poderei ir?

— Assim que estiver preparada com essa providência!

— Deverei retornar para avisá-lo?

— Não será necessário! Que Deus a abençoe nos seus propósitos e que a senhora possa retornar trazendo aquele que tanto ama, não por recursos outros, muitas vezes necessários conquanto não tão suaves, mas por tê-

-lo convencido da inutilidade do trabalho que realiza e do compromisso que assume ao realizá-lo!

— Que Deus o abençoe também por esse ato que só revela o amor e a bondade do seu coração!

— Não se esqueça de que, por mais amor e bondade tenhamos, nem sempre conseguimos realizar tudo o que desejamos!

Novas esperanças invadiam o Espírito daquela mãe que tanto desejava ajudar os filhos. Um deles, em Espírito, perturbando a felicidade do lar do outro que sempre fora íntegro, mas também necessitado do seu auxílio para se recompor, e novamente restabelecer a paz familiar, trazendo de volta ao lar, a esposa e mãe de sua filha.

Sem perda de tempo, desejando partir o mais rápido possível, para mais rapidamente começar o seu trabalho, ela procurou quem se dispusesse a ajudá-la.

Seu primeiro pensamento levou-a junto de alguém que já estava a par das suas ansiedades e tentava ajudá-la com seu aconselhamento. Era Juvenal, um irmão afim que muito a havia amparado em outros tempos, quando ela mesma precisava se recompor.

A amizade fraterna entre ambos prosseguia, ele sabia das suas mais escondidas aflições, e sempre tinha uma palavra de encorajamento para reerguê-la. Se esse amigo aceitasse o trabalho, com certeza, ela conseguiria realizá--lo conforme pretendia, e, em pouco tempo, estaria de volta trazendo o filho desviado do bem.

Consultado, ele dispôs-se a acompanhá-la, mas não de pronto. Precisava concluir algumas tarefas, comunicar-

-se com seu superior para pedir autorização, e, se nada o impedisse, sentir-se-ia feliz em participar de tarefa tão enobrecedora.

— Não será fácil, conforme asseverou-me o nosso mentor! — esclareceu ela.

— Nenhuma tarefa com objetivos nobres é fácil! Nossas intenções são sempre as melhores e nossa disposição de ânimo muito grande, mas nem tudo depende só de nós mesmos. Trabalhamos com Espíritos que estagiam nos mais variados níveis de evolução, e que nem sempre se mostram receptivos aos nossos apelos e desejos. Nenhuma tarefa é fácil, contudo, se empregarmos amor na sua realização, tendo em vista os objetivos a alcançar, certamente chegaremos ao final almejado. Não se esqueça de que temos, ao nosso dispor, a prece que nos ajuda muito, e nenhuma prece é proferida com mais amor que aquelas vindas do mais profundo do coração de uma mãe em favor do filho!

— Não poderia ter escolhido melhor companheiro para me auxiliar! Antes mesmo da tarefa começar, sinto-me mais encorajada e esperançosa.

— Lembre-se de que, não obstante as tarefas sejam difíceis, para Deus, nosso Pai de amor e bondade, que deseja o melhor para Seus filhos, nada é impossível! Talvez seja Ele mesmo que a esteja fazendo instrumento da sua ajuda! Confie!

— O senhor tem razão! Quando poderemos partir?

— Até amanhã à noite deverei resolver o que ainda tenho em pendência e, se nenhum impedimento houver, partiremos em seguida!

172 | **Wanda A. Canutti** pelo espírito *Eça de Queirós*

— Eu o aguardarei em preces! A partir deste momento, viverei para trazer meus filhos de volta ao aprisco do Senhor!

Na noite seguinte, conforme o combinado, depois das providências tomadas, deixaram o recanto de paz, amor e trabalho, aquela mãe aflita mas esperançosa, e o companheiro e amigo de muitos anos.

O dia quase amanhecia quando entraram na casa. Tão simples comparada ao fausto de outrora, mas isso, para ela, não importava. Seu objetivo era outro e esperava conseguir realizá-lo, mesmo que exigisse o emprego de muitos esforços.

Visitaram cômodo a cômodo. Ela reviu a filha que fora criada com tanto amor e carinho, conheceu a neta que também dormia tranquilamente, e no quarto, outrora do casal, Luís dormia os últimos momentos do seu repouso, porque logo deveria levantar-se para o trabalho.

Depois que expulsara Helena de casa, mesmo sem ter modificado seu íntimo em relação a ela, que disso Cláudio cuidava como o ponto mais importante dos seus objetivos, Luís voltara a desempenhar um trabalho simples e mal remunerado. Sempre revoltado, não saía mais à noite para os seus prazeres, mas era triste e calado, como todos passaram a ser naquela casa. Ninguém falava com ninguém, e a pobrezinha da Cecília, também sempre triste, choramingava à procura da mãe.

Aline cuidava dela e da casa, dentro das suas possibilidades; muito pouco tinha a fazer, pelo pouco que possuíam para sobreviver, e a sua tristeza e até alheamento eram grandes.

Pelos quartos por onde andaram, não viram Cláudio, e a mãe preocupou-se.

— Onde terá ido ele? Será que o perdemos?

— Não se aflija e continuemos!

Ao adentrarem o quarto que outrora lhe pertencera e onde o crime fora cometido, ele lá estava, deitado em sua antiga cama, como um encarnado que, não obstante desperto, repousava.

A mãe acercou-se dele, mas não foi vista. Tão arraigado às suas intenções maléficas se encontrava, que não poderia ver Espíritos de tal categoria.

Com o seu amor de mãe, ela começou a acariciar-lhe os cabelos e a emitir-lhe pensamentos de amor, mas pareceu-lhe que ele não estava percebendo nada. Muito tempo passou ao lado do filho tentando fazer com que a sentisse e até a visse, mas foi em vão.

Nenhuma reação ele manifestou e, quando o dia amanhecia, quando a hora de Luís deixar o leito para o trabalho se aproximava, ele levantou-se e dirigiu-se ao quarto do irmão, como se nada tivesse havido, como se ninguém estivesse em sua companhia.

Percebendo o que ele iria fazer, Juvenal apressou-se para chegar ao lado de Luís, enquanto a mãe o acompanhava.

Suas intenções não precisam ser detalhadas porque já sabemos quais eram. Assim que se achegou ao irmão, naquele momento já desperto e pronto para levantar-se, começou a emitir-lhe pensamentos de má vontade e desejo de permanecer no leito.

174 | **Wanda A. Canutti** pelo espírito *Eça de Queirós*

Aquele que ali estava para auxiliar, impedia que tais ideias se lhe chegassem à mente, emitindo-lhe as suas, estimulando-o ao trabalho, ao desejo de progredir por amor à filha.

Luís, um tanto aturdido pelo recente despertar, estranhava o que supunha, fossem seus próprios pensamentos.

Sabemos que, depois da retirada de Helena de sua casa e de sua companhia, ele deixara aquela vida de devassidão, tão chocado ficara, embora não reconhecendo a sua culpa. E, por mais que Cláudio insistisse para que ele continuasse, não houve receptividade. Seu desejo era mais forte e a sua vontade firme, anulando completamente as pretensões do irmão. Não que ele desejasse retomar sua vida de homem íntegro de antigamente, mas estava por demais abalado para prosseguir, e também precisava promover o sustento da irmã e da filha, depois da atitude tomada.

Mesmo calado, triste e revoltado, lutara para conseguir um novo emprego e para ele ia diariamente, sem entusiasmo, como alguém que cumpre uma obrigação que não lhe traz nenhum prazer nem alegria.

Por influência do irmão, seu íntimo se modificara completamente, porém, a partir do momento em que fizera prevalecer sua vontade, abrira uma porta para que sugestões mais benéficas adentrassem o seu coração.

Cláudio, também, depois de ter chegado ao ponto mais almejado do seu plano, não insistia tanto como antigamente. Deixá-lo trabalhar, não lhe importava mais, e até relaxara sua atuação, que se limitava, agora, de forma bastante intensa, a impedir que Helena voltasse, a que ele fraquejasse e reconhecesse a sua culpa, trazendo-a de volta.

Mesmo assim, um dia ou outro insistia para que ele faltasse ao trabalho, que não fosse tão assíduo e cumpridor das obrigações, como forma de salvaguardar o seu plano; foi para isso que o procurou naquela manhã, porém, nenhuma de suas palavras chegavam até Luís, nulificadas por Juvenal.

Por aí vemos que nenhum mal, por mais intenso que seja, vence o bem, quando nossa vontade é firme e quando o auxílio dos bons Espíritos é dispensado em nosso favor.

Logo Luís levantou-se, preparou-se para sair, para surpresa de Cláudio que, até então, não havia percebido nada.

Quando ele deixou o lar, Juvenal acompanhou-o até o seu local de trabalho, emitindo-lhe pensamentos de estímulo e alegria, enquanto a mãe de Cláudio permaneceu em sua companhia para não deixá-lo sair.

Sem que ainda ele a visse ou a sentisse, ela fê-lo retornar ao leito deixado há pouco, e lá permaneceu ao seu lado, acariciando-lhe os cabelos como anteriormente o fizera, esperando a volta do seu companheiro. Ambos, em conjunto, iniciariam sobre ele uma ação mais intensa e direta, fazendo-o perceber a sua presença e reconhecendo-a como a sua querida mãezinha de outrora, aquela que muito o amava e que fora obrigada a partir, deixando-o ainda pequeno e muito necessitado do seu amor.

Por algum tempo ela esteve ao lado do filho falando-

-lhe palavras de carinho e compreensão, mas ele nada percebeu.

Quando Juvenal retornou, tendo deixado Luís mais alegre e menos revoltado, ela esperava-o ansiosamente.

— Nosso esforço junto de seu outro filho parece que começou bem! Senti seu coração receptivo ao meu estímulo e tenho esperanças...

— Contudo, para que nenhuma de suas palavras se perca, precisamos auxiliar este aqui! Ele é muito mais necessitado!

— Compreendo e concordo, mas não podemos perder tempo e já comecei meu trabalho com Luís também, antes que Cláudio notasse a nossa presença. — Em seguida, colocando-se à disposição, indagou: — Como deseja o meu auxílio?

— É necessário que ele me perceba e me reconheça! Para isso, porém, precisamos promover uma ação mais direta em sua mente, em todo o seu Espírito, e nada melhor que começarmos por transmitir-lhe passes, não só de energias salutares, mas para desfazer essa névoa que o envolve, impedindo-lhe qualquer percepção mais sutil!

— Névoa essa criada por ele mesmo, através dos seus pensamentos inadequados e das suas atitudes! — lembrou-lhe o amigo. — O nosso trabalho será efetuado, mas ele também precisa modificar suas intenções!

— Aos poucos chegaremos a isso também! Entretanto, se não conseguirmos dissipá-la, pelo menos momentaneamente para nos aproximarmos dele, nada poderemos fazer!

— Que Deus nos ajude a auxiliá-lo!

Elevando o pensamento ao Pai de amor e misericórdia, aquela mãe orou com o mais profundo do seu ser, apelando a Sua ajuda para poder se achegar ao filho, enquanto Juvenal, levando as mãos sobre a fronte do jovem, transmitia-lhe, com seu amor, muitas energias.

Algum tempo demorou, mas, aos poucos, foram observando que aquelas névoas escuras que envolviam, sobretudo a região do seu coração e da sua mente, começaram a se desvanecer. Era a ajuda de Deus, pelo desejo que eles tinham de auxiliá-lo.

Ao perceber que podia lhe falar, dirigindo-lhe palavras de muito amor e carinho, ela começou por dizer:

— Filho querido, amor de minha vida, sua mãezinha aqui está! Um dia, pelo chamado do Pai, tive de deixá-lo ainda carente do meu amor, mas meus olhos nunca cessaram de pousar em você, e meu amor nunca deixou de ser seu. Tenho acompanhado a sua vida e me empenhado para que retorne ao seio do Senhor, como aquelas ovelhinhas mansas e ternas, submissas ao seu pastor, mas tem insistido em se manter afastado do seu rebanho! Eu sei que está me ouvindo neste momento, e, se prestar atenção, ver-me-á a seu lado, tão saudosa de lhe falar me encontrava, e tão desejosa de auxiliá-lo! Ouça-me, filho querido! Ouça o meu apelo e aceite o meu amor!

De início, pareceu-lhes que ele nada percebeu, mas, com a sua persistência, ele começou a interiorizar algumas de suas palavras, e, com o auxílio do amigo, puderam notar que uma grande saudade de sua mãe

178 | **Wanda A. Canutti** pelo espírito *Eça de Queirós*

começou a invadir seu coração, sem que ainda ele a visse a seu lado.

Ela, mais animada e feliz, prosseguiu, esperando que logo, muito logo, isso fosse possível:

— Filho do meu amor, eu aqui estou, falando-lhe! A sua mãezinha retornou e quer ser vista por você, mas quer ouvi-lo também! Aplique a sua força de vontade, abra plenamente o seu coração e deixe-me penetrar nele!...

E assim ela prosseguia nos seus apelos, mas, em dado momento, sem que ela esperasse, ele virou a cabeça, e, através das névoas que seus olhos ainda carregavam para as coisas mais sublimes e puras, divisou um vulto.

— Estaria enlouquecendo? — indagou-se ele. — De quem seria aquela voz que lhe falava com tanto amor e com desejo de ajudá-lo?

Entretanto, rebelde e com seus objetivos bem delineados, lutou contra o que ouviu, e, num salto, levantou-se e saiu correndo.

— Não se entristeça! — exclamou Juvenal. — Podemos reconhecer que, para um começo, houve alguma receptividade.

— Eu esperava um trabalho difícil! Não seria numa primeira vez que ele iria ver-me, arrepender-se das suas atitudes, atirando-se nos meus braços! Para Deus nada é impossível! Ele vê nosso desejo de auxiliar, o amor que empregamos nele e nos auxilia também!

— Precisamos segui-lo e ver para onde vai!

— Não é necessário! Aqui é seu posto de ação e, mesmo se afastando momentaneamente, logo retornará. De qualquer forma, ele percebeu algo diferente em seu íntimo e quis relutar, por isso saiu correndo com medo de fraquejar. Nós estamos no caminho certo, e logo o teremos rendido ao nosso amor!

— Certamente! É para isso que nos empenhamos!

— Como não podemos perder tempo, enquanto esperamos uma outra oportunidade para estar com Cláudio, gostaria de fazer uma visita.

— A quem pretende visitar!?

— Quero estar, por alguns momentos, junto daquela que foi esposa de meu filho Luís e sondar-lhe, também, o íntimo! Talvez ela possa nos ajudar!

— Ajudar como, uma vez que foi expulsa desta casa?

— Não se esqueça de que o senhor mesmo me ensinou que, embora à distância, muito podemos conseguir com nossas preces e o nosso verdadeiro desejo de auxiliar. Aqueles que têm esse objetivo, podem emitir pensamentos de amor, de confiança, e sabe que são de grande valia.

— Compreendo e louvo as suas boas intenções!

— Vim para auxiliar meus filhos e tudo farei para isso. Enquanto não conseguir modificar Cláudio e reunir novamente Luís à esposa, trazendo-a de volta para ele e para a filha, não descansarei!

— Pois então vamos onde deseja!

CAPÍTULO 14

Promessa

Como mãe atenta a todos os seus filhos, não obstante no Mundo Espiritual, ela ficou muito feliz por ocasião do casamento de Luís e Helena. Sabia que ela seria uma boa esposa e faria o seu filho feliz.

Os acontecimentos desencadeados depois, obrigaram-na àquela atitude menos correta, mas, se o corpo fora conspurcado, seu Espírito continuava o mesmo — puro e digno. O ato corporal, pelas circunstâncias em que se apresentou, não afetou o seu Espírito. Ela ainda amava o marido e, muito mais que ele, amava a filha.

A mãe de Luís compreendia esses fatos e esforçar-se-ia para uni-los novamente, trazendo-a para criar a filhinha e serem felizes, quando libertos de Cláudio. Por isso seu trabalho tinha que ser concomitante, para não haver desperdício de tempo. Quando partisse levando Cláudio, o ambiente interior dos dois estaria tão preparado, que nada os impediria de tornar a ser felizes.

182 | **Wanda A. Canutti** pelo espírito *Eça de Queirós*

Em poucos instantes chegaram à casa da mãe de Helena, mas ela já havia saído. Encontraram apenas aquela velha mãe sofrida e triste, por todas as dificuldades e tristezas que a envolviam.

Antes de irem ao encontro de Helena, aproximaram--se dela, transmitiram-lhe palavras de encorajamento e força, que ela, pela sua sensibilidade e pelas suas crenças, tornou a captação muito fácil. Foi envolvida por um grande bem-estar cuja origem não sabia, mas julgou estar recebendo a visita do marido. Assim, deixaram-na mais fortificada e esperançosa de melhores dias.

Não lhes foi difícil localizarem Helena no seu trabalho. Encontraram-na acabando de chegar com a cesta cheia de flores, mas o semblante triste.

Ela não era mais aquela jovem despreocupada de outrora, que mostrava alegria e felicidade ao se dirigir aos transeuntes para oferecer-lhes seus ramalhetes. O ato de agora era maquinal, contudo, ainda assim, aos poucos, ia-os vendendo, levando para casa um pouco de auxílio à mãe e aos irmãos.

Antes de se acercarem com mais proximidade, permaneceram algum tempo observando-a e comentando o que podiam verificar:

— Vejo o seu semblante triste e preocupado! — exclamou Juvenal.

— Sim! A tristeza toma todo o seu coração e a falta que ela sente da filha é muito grande!

— Muito mais que a falta, vejo uma preocupação, desejando saber se ela está bem, como está vivendo sem a sua companhia, como está sua saúde e se está se alimentando.

— Os filhos precisam muito do amor, dos carinhos e dos cuidados das mães!

— Não resta dúvida! Mas nós promoveremos o reencontro das duas, e esse coraçãozinho, ora triste e preocupado, voltará a ser feliz!

— Tudo farei para isso, pois é a causa da nossa vinda!

— Penso que agora podemos nos aproximar mais e fazê-la captar nosso estímulo e nosso encorajamento!

— sugeriu Juvenal. — Eu a ajudarei e a senhora falará o que deseja! É mãe e sabe exatamente o que ela está precisando ouvir.

— Pois então não percamos tempo!

Num momento em que Helena, pensativa e triste, demonstrando desalento, encostou-se à parede do prédio em cuja frente promovia suas vendas, eles aproximaram-se.

Enquanto ele lhe impunha as mãos na cabeça, para facilitar a recepção do que ela ouviria, a mãe de Luís acercou-se, falando-lhe palavras de estímulo e compreensão pela atitude que ela havia tomado em favor da filha, quando nada mais lhe restava fazer.

— Não se torture com o remorso, filha querida! Nem todas as atitudes são louváveis, mas, quando não nos resta outra alternativa, pelas circunstâncias que nos envolvem, Deus, percebendo as nossas mais íntimas intenções, nos perdoa. Esqueça o que passou e tente pensar na reconstrução de sua vida, juntamente com sua filha e seu marido! Seus propósitos de agora são dignos e demonstram que o dinheiro fácil não a iludiu nem a

184 | **Wanda A. Canutti** pelo espírito *Eça de Queirós*

corrompeu, porque sua honestidade e retidão de caráter estão acima de qualquer facilidade que poderia buscar. Prossiga no seu trabalho honesto, conquanto pouco compensador, que logo a felicidade estará de volta ao seu coração! Nós estamos ajudando e, em breve, Luís poderá raciocinar por si mesmo porque ele é bom, e você, que o conhece bem, sabe disso. Perdoe a sua atitude e reconheça que ambos passaram por um período muito difícil, mas Deus está atento e promoverá novamente a união da família, porque ninguém mais que Ele quer ver Seus filhos felizes.

Durante algum tempo ela prosseguiu falando a Helena, que não podia captar-lhe as palavras como eram emitidas, mas um fortalecimento foi tomando conta do seu Espírito, uma esperança nova adentrando o seu coração, e eles puderam perceber até um leve sorriso nos seus lábios.

Bastante encorajada ela retornou à venda de seus ramalhetes e, num tempo bem mais curto, conseguiu vendê-los todos.

Ela não podia imaginar o que havia acontecido, mas, pela primeira vez, depois de deixar o seu lar, sentia-se feliz e voltava levando novas esperanças.

Quando Helena se retirou, os dois a acompanharam de volta. Era-lhes importante que assim o fizessem, para privarem por mais algum tempo da sua intimidade espiritual, fortalecendo-a e auxiliando-a a suportar aquele período difícil, dirimindo, também, do seu coração, tantas preocupações e culpas.

Em casa, ela comentou com a mãe as sensações de bem-estar que tivera, ouvindo, ao mesmo tempo, o que ela também sentira.

— Deve ser seu pai que vê nosso sofrimento e deseja ajudar-nos!

— O que foi, ou quem foi, eu não sei, mas voltei trazendo esperanças novas! Deve haver alguém que não sabemos quem, com esse desejo! Não são essas as suas crenças, fazendo-me crer também?

— Nossas orações, filha, e muito mais as suas, devem estar sendo ouvidas!

— Se assim é, quem sabe, logo poderei ver minha filha, nem que seja à distância, apenas para eu constatar se ela está bem!

A mãe de Luís, ouvindo esse desejo que revelava o mais puro amor, prometeu a si mesma tudo fazer para que ele fosse satisfeito.

— Eu promoverei esse encontro! — afirmou ela ao seu amigo. — Ainda não sei como, mas eu colocarei uma diante da outra, e trabalharei o meu filho Luís tão intensamente, que ele mesmo contribuirá para que o encontro ocorra!

— Não se esqueça de Cláudio! — lembrou-lhe Juvenal.

— Por isso somos dois! Enquanto eu me ocupar de Luís, o senhor trabalhará Cláudio! Mas ainda não é o momento! Precisamos sondar mais e atuar mais intensamente sobre ambos, primeiro!

— Falando em Cláudio, não supõe que seja tempo de voltarmos! Não podemos deixá-lo entregue a si mesmo durante muito tempo, porque os prejuízos serão irreparáveis!

— Tem razão! Voltemos, pois Helena encontra-se bem! Sua mãe tem condições de auxiliá-la muito, pelo espírito que traz, receptivo aos bons conselhos.

Quando chegaram à casa, Luís ainda não havia voltado e Cláudio, postado em sua cama, maquinava o que fazer. Cecília estava junto de Aline e, como sempre, perguntava pela mãe.

— Por que não auxiliarmos esta pequena inocente, fortalecendo-lhe o Espírito para aguardar o reencontro com a mãe? — lembrou a avó.

— Se não precisar de mim, eu irei para junto de Cláudio sondar-lhe os mais íntimos pensamentos, enquanto a senhora ficará aqui com sua querida netinha.

— Não podemos deixar de saber o que Cláudio pensa, para nulificar-lhe a vontade, enquanto não conseguirmos convencê-lo a desistir de tudo.

O amigo dedicado foi para a companhia de Cláudio, e a avó ficou junto da netinha e da filha, encorajando-as. Ao final, colocando a mão na fronte de Cecília, transmitiu-lhe a certeza de que muito logo, não só veria a mãe, mas estaria em seus braços por algum tempo. Ela promoveria o reencontro de ambas, de tal forma que, mesmo aos olhos de Luís, ele nada faria para impedir, impossibilitado pela sua ação.

Um leve sorriso ela percebeu nos lábios da neta, que, mesmo sem vê-la pelos cuidados que havia tomado para não assustá-la, captava-lhe todas as palavras.

— Logo eu vou ver mamãe! — exclamou Cecília, na sua inocência.

— O que disse? — perguntou a tia, admirada.

— Logo eu vou ver mamãe!

— Como sabe? Como pode afirmar isso?

— Estão me dizendo que logo eu a verei!

— Não há ninguém aqui, e eu não iria afirmar isso, pois nem sei onde sua mãe está!

— Não foi a senhora que falou! Alguém disse ao meu ouvido!

Aline ficou preocupada. — A saudade que Cecília sente da mãe é tanta que anda imaginando coisas, ou a sua cabecinha não está bem! — dizia Aline de si para consigo. — Preciso falar com Luís! Ele deve saber!

Depois de tê-la encorajado e se certificado de que a neta captara todas as suas palavras, a avó deixou-a e foi encontrar-se com Juvenal.

— Pôde perceber alguma ideia nova em sua mente? — desejou ela saber.

— Que não me agradou em nada....

— O que pensa ele fazer agora?

— Está imaginando uma investida mais intensa sobre Luís! O fato dele ter deixado de sair à noite e estar desempenhando um trabalho, não está lhe agradando. O que não lhe importou no início, agora começa a incomodá--lo! Receia que o irmão esteja se transformando! Ele não quer que Luís retorne à vida correta e planeja fazê-lo perder o emprego!

— Nós o impediremos e estimularemos Luís a

trabalhar ainda mais, a se aplicar com mais amor às suas tarefas e a dar mais atenção à Cecília, levando-a até a passear!

— Vejo em suas palavras a realização do que prometeu à Helena!

— Efetuamos um trabalho conjunto e amplo e não podemos perder tempo nem oportunidades!

Depois de permanecerem junto de Cláudio e captarem com segurança e fidelidade os seus pensamentos e planos, sua mãe manifestou-se:

— Diante do que presenciamos, de momento só nos resta uma providência!

— Modificar seus pensamentos!

— Assim o pudéssemos! Vejo que nada penetrará, por ora, no seu Espírito, e não devemos nos alongar num trabalho que ainda não lhe toca o coração.

— Aqui estamos para o que for necessário!

— Sim, mas precisamos, antes de mais nada, impedir-lhe a ação com Luís! Quando ele verificar que não está conseguindo mais, com tanta facilidade, os seus desejos, nós voltaremos a lhe falar e lhe explicaremos o que estamos fazendo, bem como a finalidade do nosso trabalho.

— Tem razão! Vendo a ineficácia do seu empenho, talvez reconheça que deva pensar em si mesmo e se afaste.

— Não será tão fácil, mas, em linhas gerais, é o que deve acontecer, embora saibamos, não será de hoje para amanhã que o teremos rendido e conosco!

— Como se aproxima a hora do término do trabalho de Luís, eu devo ir ao seu encontro! Do mesmo modo como o acompanhei pela manhã, induzindo-o a trabalhar com satisfação e esperanças, agora lhe transmitirei uma nova sensação de alegria e bem-estar pelo dever cumprido com honestidade.

— Pois vá que eu ficarei com meu filho mais um pouco! Quero falar-lhe, mesmo sabendo que ele não vai perceber nada!

Cada um aplicou-se na sua tarefa, porém, para Cláudio, ainda era muito prematuro perceber que alguém, com tão nobres intenções, estava junto dele, desejando trazê-lo de volta para o seu amor de mãe que era imenso. Mesmo assim, já era um trabalho e deveria ser realizado.

Algum tempo após, ela foi despertada por um burburinho no lar, que reconheceu ser seu filho Luís, entrando contente e chamando pela filha.

Cecília, ouvindo o pai, correu para ele indagando:

— Por que me chamou, papai? Tem notícias de mamãe? O senhor a viu?

— Não filhinha! Chamei-a porque estava com saudades! Ficar um dia todo sem vê-la, é muito difícil para mim! Hoje eu estou muito feliz!

— Por que o senhor está feliz se mamãe não está conosco?

— Estou feliz porque tenho você, minha querida!

Assim falando, ergueu-a nos braços e girou com ela, tão leve e feliz se sentia.

Ah, alegria inexplicável! Sua vida era a mesma, as

dificuldades continuavam, mas, naquele instante, ele não as sentia, e o prazer de ter a filha nos braços era a felicidade que desejava.

— O trabalho vai indo muito bem! — exclamou a mãe de Luís, aproximando-se de Juvenal. — Veja como ele está feliz! Agora deixe por minha conta! Quando ele se recolher, farei com que se lembre de Helena, imaginando que, se ela estivesse em casa, a felicidade da família seria completa.

Ao deixar Cecília e encaminhar-se para o quarto, a mãe e o companheiro seguiram-no, mas tiveram a surpresa de encontrar Cláudio esperando-o para nulificar aquela manifestação de alegria, desfavorável aos seus planos.

Assim que Luís entrou, o irmão foi ao seu encontro, mas a mãe foi mais rápida, impedindo que qualquer sugestão maléfica lhe chegasse à mente.

Concomitantemente, o amigo que a auxiliava, junto de Cláudio, impedia-o de raciocinar com clareza, e ele percebia não estar conseguindo transmitir o que desejava.

Bons resultados estavam conseguindo, até que, irritado, Cláudio passou pelo irmão e, como se encarnado o fosse e desejasse atingi-lo fisicamente, desferiu-lhe um soco e retirou-se, sem que Luís percebesse, assistido que estava pela mãe.

Juvenal acompanhou-o e, em seu quarto, começou a lhe falar, com a destra sobre sua cabeça, para que ele pudesse perceber alguma sensação diferente e compreendesse a razão da dificuldade que começava a ter o seu trabalho.

Pelas imperfeições que trazia, pelo desejo de vingança que seu Espírito abrigava, e, ainda mais pela irritação de nada ter conseguido, Cláudio não captava uma palavra sequer das que Juvenal emitia, nem percebia sua presença.

Vendo a inutilidade de seu gesto, chamou a mãe do jovem e propôs-lhe que ambos, com muito amor e intensidade, lhe transmitissem fluidos salutares para desfazer um pouco as brumas do ódio que viam no seu coração e propagava-se por todo o seu Espírito, a fim de poderem se achegar e ser percebidos.

A sugestão foi aceita de pronto, e, em pouco tempo, ambos estavam postados à cabeceira da cama de Cláudio, envolvendo-o com demonstrações de muito amor, enquanto sua mãe, como só as mães o podem e sabem fazer, dirigiu-se a Deus numa prece ardente, rogando, desse-lhe a oportunidade de ajudar aquele filho tão necessitado e tão desviado do caminho do bem.

A prece foi longa e, quando notou a mente do filho se aclarar pelo auxílio que o Pai magnânimo lhes enviava, ela começou a falar-lhe:

— Filho querido, tenho estado constantemente a seu lado, mas vejo que não me sente a presença nem ouve a minha fala! É sua mãezinha que aqui está! Sei que agora pode ouvir-me, embora com dificuldade, mas ainda não me enxerga! Aplique seu coração e seu entendimento ao que lhe digo, e receba minhas palavras com o mesmo amor com que eu lhas transmito! Ouça-me, filho, e compreenda o meu desejo intenso de ajudá-lo! Vejo que sofre por suas próprias imprevidências e começa a cansar-se do trabalho que realiza. Vim para auxiliá-lo, filho. Quero recolhê-lo no meu seio de amor e embalá-lo, para que o sinta em toda a sua intensidade, e deixe-se levar por ele. Faça, mesmo que de leve, um sinal para que eu entenda que não falo em vão! O meu amor é todo seu, filho querido! Se um dia eu precisei, pelos desígnios do Pai, afastar-me de você, agora retornei para levá-lo comigo e ajudá-lo a recompor a sua vida! Não despreze o amor desta que faz da própria vida um celeiro de amor para alimentar-lhe o Espírito, e um manancial de águas frescas e cristalinas para aplacar a sede do seu ódio e dar-lhe paz...

Nestes termos foi continuando, mas Cláudio, apesar de estar ouvindo, que ela tinha a certeza de que o estava, continuou imóvel, sem a mais leve demonstração de atender o que ela lhe solicitara.

Pelo menos ele não fugiu, e ela considerou uma vitória. Hora chegaria que não só ouviria mas a veria, e aí, com certeza, não resistiria ao seu amor e carinhos e se entregaria, submisso e dócil, para ser levado.

Não obstante com muito vagar, o trabalho já dava alguns frutos.

Uma outra parte ela planejava realizar naquela noite mesma, para auxiliar Luís. Durante seu sono físico, se apresentaria a ele e lhe falaria com muito amor e compreensão, pretendendo convencê-lo de que Helena não era culpada de nada.

Com esse objetivo, colocou-se em seu quarto, e, ao

perceber que seu Espírito se desprendeu, ela, sozinha, foi ter com ele, que, espantado, exclamou:

— A senhora, mamãe!

— Sim, filho! Também somos levados pela saudade, mas, nas circunstâncias atuais, muito mais que a saudade, vim para falar-lhe e tentar ajudá-lo! Vejo este lar esfacelado, e sei que você sofre, assim como Cecília sente a falta da mãe. Vejo também as dificuldades de Aline para suportar sozinha toda essa situação.

Luís ouvia-a sem nada responder, pensando na esposa e na filha, e ela prosseguia:

— Sua mãe está ausente, filho, mas, pelas próprias características de Espírito liberto, e que ama muito a seus filhos, tenho estado atenta a todos os acontecimentos que envolveram nossa família, e sofrido muito!

— Meu sofrimento não tem sido menor, mamãe! Fui traído por Helena que amava tanto e não consegui suportar! Hoje encontro-me só, Cecília também sente falta da mãe e nossa vida tem sido um tormento.

— Não quero acusá-lo de nada, porque tenho a visão do que se passou e sei que nem você nem Helena agiram por si mesmos. O nosso querido Cláudio, depois que perdeu o corpo físico naquele momento de infelicidade, os tem atormentado muito! Você deve ter percebido que ele se encontra nesta casa em vingança, e os tem induzido a levarem a vida que condenavam nele.

— Eu nunca o vi!

— Ele é astuto e não se apresenta nem quando você está liberto do corpo, pelo sono físico, para que nada influa nas suas pretensões! Foi ele, filho, que o estimulou à vida de prazeres desregrados, e induziu Helena a procurar recursos pelos meios que já conhece, assim como preparou aquele encontro entre vocês, para vê-los destruídos totalmente, como aconteceu. Vocês não tiveram como evitar e se deixaram levar por todas as suas sugestões.

— Então, tanto Helena quanto eu não temos culpa de nada, não agimos por nós próprios?

— Você ficou enceguecido por ele que o odeia, e fez tudo conforme ele desejou, planejou e executou.

— Ele destruiu o meu lar, a minha vida e a honra da minha esposa que eu amava tanto!

— Não se esqueça de que ele perdeu a vida através de suas mãos, achando que a culpada era Helena! Mas eu aqui estou para ajudá-los, filho! Tudo farei para reuni-los novamente, pelo amor que sentem um pelo outro e porque Cecília precisa da mãe.

— A senhora imagina que ainda há possibilidade de voltarmos a viver juntos?

— Basta que você compreenda as minhas palavras e guarde-as em seu Espírito, e, ao retornar ao corpo, mesmo sem saber como lhe chegaram, pense nelas e repense, reflita muito, e, quando chegar o momento, procure Helena, peça-lhe perdão e a traga de volta!

— Por que diz — quando chegar o momento?

— Por que ainda não é hora de Helena voltar! Você não viu, mas Cláudio encontra-se instalado nesta casa para melhor realizar seu plano. Se Helena retornar agora, ele tudo fará para expulsá-la novamente!

— E por que não o leva com a senhora?

— Não é tão fácil como pensa! Tenho trabalhado e me esforçado bastante, mas, por enquanto, ele nem conseguiu me ver!

— Como é possível se ambos estão livres do corpo físico?

— Os pensamentos maléficos que ele abriga, com o desejo de vingança e o ódio que traz no coração, impedem-lhe qualquer visão mais apurada. Tenho lhe falado e sei que agora ele me ouve, mas ainda resiste! Entretanto, meu amor de mãe não tem limites e só descansarei depois de retirá-lo daqui e levá-lo para o seu refazimento e reaquisição do equilíbrio, deixando-os felizes!

O trabalho desenvolvia-se, caminhando dentro do que era esperado. Ela sabia que não seria fácil e o empenho precisaria ser intenso e pleno, abrangendo todos os pontos — tanto os que feriam como os que haviam sido feridos.

Esse esforço de recomposição ela o havia tomado a si e realizava-o de modo incansável e com muito amor.

Sua filha Aline não fora atingida diretamente pela ação de Cláudio, mas sofria-lhe também as consequências. Ela, como todos, precisava de uma palavra de conforto, encorajamento, força e estímulo para prosseguir.

Se ela soubesse que a mãe estava presente no lar, auxiliando-os, com certeza ficaria mais confiante, esperando dias mais felizes e, com o Espírito esperançoso e apaziguado, sofreria menos e poderia suportar melhor o que ainda lhe restava passar.

196 | **Wanda A. Canutti** pelo espírito *Eça de Queirós*

Assim pensando, aproveitando o resto da noite, ela foi ao seu encontro levando tais propósitos.

Ao adentrar o quarto, percebeu-a desperta e sofrendo por tantas preocupações, ao invés de estar desfrutando do repouso tão justo e necessário a quem tem um dia cheio de dificuldades e trabalho.

Acercou-se de sua cama e, antes de fazê-la adormecer para ter seu Espírito livre para o encontro no mesmo plano, sondou-lhe os pensamentos e verificou que, no silêncio oferecido pela casa, ela pensava, e pensava muito...

Trouxera, para suas lembranças, tempos felizes de despreocupação e esperanças, quando ainda era mais jovem e vivia com o conforto que a posição social e o dinheiro lhe proporcionavam. Lembrou-se de cada situação em que o pai a presenteara com uma joia de muito valor, mas lembrou-se, também, de que se ele lhe dera tantas joias, companheiras inertes e vaidosas, impedira-lhe de ser feliz com seu amor, conforme ela desejara e ansiara.

Para que ela não prosseguisse nessas recordações que lhe traziam mais sofrimento, a mãe achou por bem fazê-la adormecer e estar em sua companhia mais diretamente, ajudando-a a suportar aquela situação momentânea de dificuldade, e a vida na solidão que sentia.

Ah, como Aline se regozijou com a companhia da mãe! Quanta saudade! Ela era a mais velha e foi a que privou por mais tempo de companhia tão querida, e, por isso mesmo, talvez, a que sofreu mais pela sua ausência.

A mãe, encorajando-a, explicou-lhe, pelos pensamentos captados, que sua vida teria que ser da forma como estava sendo naquela encarnação. Que ela deveria dar assistência aos irmãos e não culpasse ninguém, pois o casamento não fazia parte do seu planejamento para aquela existência terrena.

Estimulou-a, enaltecendo a sua conduta sempre correta dentro do lar, e agradecia-lhe a assistência que havia proporcionado ao pai por ocasião da sua enfermidade. Levou-lhe esperanças, dizendo que muitas alegrias estavam reservadas ao seu Espírito, mas não seria naquela oportunidade em que ela ressarcia erros do passado, contraídos quando, juntamente com aquele que amara e fora impedida de realizar o seu sonho de amor, havia desrespeitado o seu lar e a família que possuía.

Aline ouvia-a, atenta, compreendendo que, se mais não tinha, era por sua própria culpa.

— Prossiga, filha, — estimulou-lhe a mãe — como tem feito até aqui, auxiliando o mais possível, a fim de que, por ocasião do seu retorno, leve o Espírito ressarcido de muitos males e pronto para outras existências mais felizes! Portanto, não culpe a ninguém, senão a si mesma, pela vida que tem, e faça o melhor, como tem feito!

Aline sentiu-se fortalecida e, com certeza, pela manhã, levantaria menos infeliz e mais encorajada, tendo vagas lembranças de que sonhara com a mãe, sem saber o que havia acontecido.

Transcorridas as horas para que a noite se findasse, ela retornou ao quarto de Cláudio, em cuja companhia

198 | **Wanda A. Canutti** pelo espírito *Eça de Queirós*

Juvenal permanecera, trabalhando para impedir-lhe qualquer ação menos nobre.

— Minha noite foi de muito trabalho, mas senti que deixei meus filhos esclarecidos e mais felizes! Luís compreendeu-me as explicações, e, se ao retornar ao corpo, conseguir ter alguma lembrança do que conversamos, mesmo sem a precisão com que nos falamos, logo ele trará Helena de volta.

— Bem, o dia amanhece e precisamos prosseguir, sem perda de tempo! — exclamou Juvenal.

— O que faremos agora?

— Luís não precisa de nós, neste momento, e logo estará se preparando para o trabalho! Só nos resta permanecer junto de Cláudio, impedir-lhe qualquer atitude infeliz e trabalhar sua mente, a fim de que ela se abra para receber o que tentamos lhe transmitir.

CAPÍTULO 15

O amor

Os esforços estavam sendo efetuados e, aos poucos, eles iriam conseguir o que tanto desejavam.

Nenhum coração, por mais arraigado ao mal esteja, resiste ao amor que lhe dedicam, ao bem que queiram lhe fazer, e, um dia ou outro, acaba por capitular.

O amor é o mais belo sentimento que um ser pode abrigar, é a alavanca divina que impulsiona ao bem, é a dádiva celeste que não mede sacrifícios, é o bem maior que Deus colocou em Seus filhos, para que o sintam e o exteriorizem uns pelos outros, como Ele mesmo o sente por todos nós.

No dia em que o amor reinar entre os homens, o vício, a degradação humana, o desejo de prejudicar, não terão mais lugar na Terra. Um reerguerá o outro, que, tocado, também, pelo amor que lhe dispensaram, passará a ajudar seus outros irmãos.

É o que o Pai espera de Seus filhos, porque, todo amor

200 | **Wanda A. Canutti** pelo espírito *Eça de Queirós*

e misericórdia, quer ver, em cada um deles, esse mesmo sentimento dominando todas as suas ações. E, no dia em que elas forem alicerçadas no amor, não haverá mais dor nem sofrimento, mas apenas alegria e paz. Basta que cada um se esforce para colocá-lo no coração, que ele, pródigo como o é, o tomará por inteiro e dominará todo o seu ser, comandando, com a força e energia que carrega em si, mas com muita suavidade e paz, todas as ações humanas.

Ah, dia tão esperado pelo Pai! Dia em que todo o vício será banido da Terra para que a felicidade nela impere, como resultado do que cada filho Seu traz no próprio coração.

No entanto, enquanto esse dia não chegar, aqueles que já conseguiram colocar no coração alguma pequena centelha desse bem que um dia dominará todo o Universo, se empenharão e se esforçarão para auxiliar os que ainda não conhecem sentimento tão puro e elevado, e, empedernidos, só desejam realizar o mal, só nele se comprazem.

Por essa razão, aquela mãe, abrigando em seu Espírito o sentimento do amor, desejava ajudar seus filhos a serem felizes, a recomporem suas vidas, transformando aquele que ainda trazia, em grande dose, o ódio estimulador da vingança.

Não podemos dizer que Luís tenha procedido bem ao retirar a vida do irmão, truncando-lhe as oportunidades terrenas, mas Deus está atento e sabe reeducar os Seus filhos que se desviam das leis prescritas por Ele, sobretudo a que diz que ninguém tem o direito de retirar a vida de ninguém, quando recomenda: — NÃO MATARÁS!

Contudo, as medidas em relação àquele ato, só ao Pai pertenciam, e Luís, no momento adequado, teria de ressarci-lo, com certeza, com sofrimento e dor. Por isso não cabia a Cláudio tomar a si a vingança, para não se comprometer ainda mais, e a sua mãe, conhecendo a lei de causa e efeito, esforçava-se para retirá-lo daquele caminho escuso pelo qual ele transitava, desejando levá-lo para outro de menos comprometimentos, de menores prejuízos, e um pouco mais feliz.

Para isso ela se empenhava em ajudá-lo e ajudava também aqueles que haviam sido vítimas da sua ação vingativa, porque todos eram seus filhos e todos tinham o seu amor. O trabalho não estava sendo fácil, mas o amor não se cansa e cada vez mais se empenha.

Luís estava sendo receptivo às suas pretensões e à necessidade de recompor o lar, mas Cláudio, renitente, contumaz, resistia com todas as suas forças. Entretanto, se conseguissem sentir e avaliar o que ia no seu íntimo, poderiam verificar, que, mesmo fazendo uma força imensa para se manter indiferente e inerte, seu coração estava sendo tocado.

A verdade é que ele, ao ouvir a voz da mãe falando-lhe tão docemente e com tanto amor, tinha ímpetos de se atirar em seus braços, porque, mesmo não a vendo, tinha certeza de que ela estava a seu lado. Se fraquejasse, porém, significaria o fim do seu trabalho e ele queria prosseguir. Destruíra Helena e Luís, desmantelara a união dos dois e precisava se esforçar para impedir qualquer retorno à situação anterior.

Por essa razão resistia e a mãe continuava nas suas

202 | **Wanda A. Canutti** pelo espírito *Eça de Queirós*

demonstrações de amor, falando-lhe com doçura e acariciando-o. Quando ele conseguisse se manifestar, aceitando o amor que ela lhe oferecia, uma outra parte deveria ser realizada, para esclarecê-lo sobre aquela noite fatídica, fazendo-o compreender que nem Helena nem Luís haviam sido culpados. Tudo fora resultado apenas das circunstâncias, sem que nada estivesse planejado.

Alguns dias mais transcorreram de atividade intensa, e, conquanto muito pouco houvessem conseguido com Cláudio, ele nada mais pôde fazer contra o irmão.

O dia de folga do trabalho de Luís aproximava-se, e um plano bem urdido, sua mãe arquitetara, colocando nele, além da habilidade, o mais profundo do seu amor.

Luís estava diferente. Perdera muito da sua má vontade e trabalhava com alegria, sentindo-se útil, tanto na atividade que realizava quanto no lar, como esteio da irmã e da filha.

O apego de Cecília por ele retornara, e a falta da mãe, ainda tão intensamente sentida, era compensada pelas atenções e carinhos dele.

Quando Luís se lembrava de Helena, já não sentia tanta mágoa nem rancor pelo que ela fizera, tendo chegado, algumas vezes, a pensar na sua própria culpa.

Como se operara essa transformação em seu íntimo, não sabia explicar. Ele não trouxera, ao retornar ao corpo físico, depois do encontro com a mãe, nenhuma das lembranças da conversa que mantiveram. Todavia, sentia-

-se modificado, passara a raciocinar com mais liberdade e lucidez, pela dificuldade de Cláudio em se achegar, mas não compreendia o porquê.

Com a proximidade do seu dia de folga semanal, a mãe estimulara-o a levar Cecília a um pequeno passeio, e ele, receptivo, já o havia prometido à filha. Impaciente como todas as crianças, diariamente ela indagava quando seria.

À chegada do dia esperado, logo pela manhã, Aline preparou-a, e ambos, felizes, deixaram o lar e começaram a caminhar de mãos dadas, rumo ao centro da cidade.

— Hoje vou lhe mostrar lugares que você nunca viu, minha filha!

— Onde vamos, papai?

— Vamos andar por aí, depois descansaremos num jardim muito bonito, onde você poderá brincar com as outras crianças!

A mãe de Luís, atenta, acompanhava-os e, muito diligente, dirigia-os para o local onde ela desejava, eles fossem.

Um tanto cansada, Cecília pediu ao pai que a levasse no colo, e ela, numa posição mais elevada, podia observar melhor o que os circundava.

Ao se aproximarem de uma esquina no centro da cidade, Cecília teve uma visão que a espantou e a alegrou sobremaneira:

— Estou vendo mamãe! Coloque-me no chão, papai! — pedia ela, repetindo com insistência e pressa.

— Coloque-me no chão!

Luís, sem poder deixar de atendê-la, procurou ao redor, divisando, na esquina, aquela mesma florista

204 | **Wanda A. Canutti** pelo espírito *Eça de Queirós*

por quem se apaixonara um dia e tanto fizera para ter o seu amor.

Ao ver-se no chão, Cecília, passando por entre alguns transeuntes, foi correndo ao encontro da mãe, chamando-a:

— Mamãe, mamãe!

Helena, entretida nas suas vendas e preocupada com seus problemas, nada havia percebido, mas, quando a filha começou a chamá-la, foi despertada pela sua voz e viu-a correndo em sua direção.

Sem nada pensar, sem nenhum receio de consequências, correu também ao seu encontro, ergueu-a nos braços e apertou-a muito.

— Filha querida, eu não suportava mais a saudade de você!

— Então por que me deixou? Onde a senhora está? Por que não está mais comigo?

Ainda apertando-a nos braços, Helena falou-lhe:

— Mamãe não está com você, mas muito a ama! Sinto tanto a sua falta, filha!

Afastando-a um pouco de junto do peito, exclamou:

— Deixe-me ver como está linda! Você ficou mais bonita!

Parado a certa distância, Luís observava aquela cena, olhando para Helena. Percebeu-a mais triste e sofrida, e compreendeu o quanto ela e a filha se amavam, o quanto mostravam-se felizes pelo reencontro, o quanto uma sentia a falta da outra.

— Então ela voltou a vender flores! — exclamou Luís, de si para consigo.

Renascendo do Ódio | 205

A mãe, que o acompanhava atenta, acrescentou, colocando-lhe no pensamento:

— Isto significa que ela nunca foi culpada do que fez. Se voltou às flores, só mostra a pureza que ainda traz no coração. Nada a conspurcou, mas foi vítima de uma situação!

Passados os primeiros momentos de enlevo, Cecília, não vendo o pai, começou a procurá-lo com o olhar, e, deparando-se com ele a certa distância, começou a chamá-lo:

— Venha, papai! Eu encontrei mamãe! Venha!

Um tanto constrangido, porém, atendendo ao chamado da filha e à sua própria vontade de estar mais perto de Helena, ele caminhou vagarosamente e, ao chegar bem próximo, sob os olhos tímidos da que fora sua esposa, indagou:

— Como está Helena?

— Conforme me vê! Trabalhando para sobreviver e muito feliz, neste momento, porque tenho nos braços a criatura que mais amo!

— Somente a ela que você ama?

Sem responder, Helena baixou os olhos mas ele prosseguiu:

— Este nosso encontro foi casual, mas era o meu anseio maior. Gostaria de conversar com você!

— Não temos mais nada a nos dizer! Tudo já está resolvido entre nós!

— Tenho pensado muito...

Sem que ele prosseguisse nem Helena desse resposta, Cecília, entusiasmada e feliz, indagou:

206 | **Wanda A. Canutti** pelo espírito *Eça de Queirós*

— Quando vai voltar para casa, mamãe? Eu sinto muito a sua falta!

— A mamãe também sente muito a sua, filha, e penso em você em todos os momentos!

— Então, por que não volta?

— Mamãe não pode mais voltar, mas estou muito feliz por vê-la! Estou sempre aqui, venha me ver! Peça a seu pai para trazê-la!

Luís não teve mais como prosseguir, porém, ao aproximar-se o momento da despedida, indagou:

— Pelo menos posso saber onde você está morando?

— Não gostaria de dizer! Já sofri muito e não desejo reviver meu sofrimento. Deixe-me quieta em meu canto, fazendo o meu trabalho! Se nada tenho, pelo menos ninguém me atormenta!

— Um dia ainda nos falaremos!

— Se eu ainda puder lhe fazer um pedido, peço-lhe apenas que me deixe ver minha filha! Que a traga aqui algumas vezes, para que a minha infelicidade não seja tão grande!

— Prometo que a trarei!

Helena despediu-se da filha, e, antes dela partir, escolheu entre os seus ramalhetes o que considerou o mais bonito e entregou-lhe, dizendo:

— Conserve-o com você e, quando olhar para ele, lembre-se da mamãe que não a esquece um só momento!

Abraçando-a fortemente, deixou-a ir, e ela, sem entender aquela situação, com uma das mãos segurando o ramalhete e a outra agarrada à mão do pai, sumiu-se por entre os transeuntes.

Luís caminhava tendo a mãozinha da filha presa à sua, mas não enxergava mais nada ao redor. Seu pensamento fixara-se em Helena, no trabalho que ela realizava, e toda a sua vida, desde o momento em que a vira pela primeira vez, desfilou, detalhe a detalhe, em sua mente.

Sem perceber, tomou o rumo de volta para casa, sob indagações da filha que ele nem ouvia, e, em instantes, chegaram.

A mãe que o acompanhava, achou que era melhor. O descanso no jardim, prometido à Cecília, dando-lhe a oportunidade de encontrar outras crianças, ficaria para outra vez. O importante, naquelas circunstâncias, seria trabalhar sua mente, partindo das suas próprias reflexões e fazê-lo sentir o quanto ainda amava a esposa, o quanto sentia sua falta, o quanto ela o havia feito feliz, fazendo--o concluir que a volta dessa felicidade, cabia somente a ele próprio.

Ao mesmo tempo, Helena, depois da partida da filha, não conseguiu vender mais nada. Maquinalmente tomou sua cesta, na qual ainda descansavam alguns ramalhetes esperando serem levados como presente a alguma bela dama, que os acalentaria por terem sido recebidos de um ser amado, e retirou-se para casa.

Caminhando devagar, reviveu muitas vezes aqueles últimos instantes, desde que ouvira a voz da filha chamando por ela, até a despedida.

A mãe assustou-se com a sua chegada muito antes do horário habitual, sobretudo quando viu que a cesta não estava vazia.

— O que aconteceu, filha? Vejo que não está bem! Por que voltou antes de terminar as vendas?

Abraçando-se à mãe, exclamou chorando:

— As flores nada significam para mim, hoje, depois de ter tido em meus braços a flor mais querida e mais bela que meus olhos já viram e meu coração já sentiu!

— De que está falando? Não compreendo, explique-se, filha!

— Estive com Cecília em meus braços!

— Como aconteceu isso? Você foi bater à porta da sua antiga casa?

— Jamais eu faria isso! Não gostaria de ser expulsa novamente! Eu a vi na rua, e quando ela me viu, correu para mim, chamando-me, e atirou-se em meus braços! Cecília não me esqueceu, mamãe!

— Com quem ela estava? Como aconteceu?

Com detalhes e muito sofrimento, mas mesclado com uma alegria imensa, Helena narrou à mãe o acontecido, contando-lhe, também, o que Luís lhe dissera e perguntara.

— Então ele não se mostrou enraivecido e deixou que a filha corresse para você?

— Tudo aconteceu conforme lhe contei!

— Isto significa que seu marido está modificado, filha!

— Tenho muito medo e mantive-me firme, não revelando nem onde estou morando!

— Ele deve ter percebido! Se a encontrou vendendo flores, você só poderia estar comigo outra vez! A qualquer hora ele baterá à nossa porta, à sua procura, como o fez um dia!

— A nossa vida mudou muito! Tenho o coração sofrido e magoado, e só penso, agora, em minha filha!

— Estando bem com ele, poderá ver sempre a sua filha e até tê-la consigo outra vez!

— Para isso teria que voltar àquela casa!

— Por que não? Você ainda o ama!

— Mas sofri muito e decepcionei-me demais! Um retorno não trará mais a vida de antes!

— Com o tempo tudo voltará aos seus lugares e vocês serão felizes novamente!

— Segundo as nossas crenças, se Luís está mudado, significa que Cláudio não se encontra mais lá! Deve ter se retirado!

— Ou alguém muito querido dele, sua mãe, por exemplo, pode estar trabalhando para que os filhos retornem à felicidade!

— A senhora acredita nisso?

— Por todas as nossas conversas, não posso deixar de acreditar! Cláudio deve estar com sua ação impedida, se ainda não se retirou!

— Pode ser!... — exclamou Helena, pensativa. — A senhora deve estar com a razão!

Na casa de Luís, ao entrarem, Cecília foi procurar Aline para lhe contar o encontro que tivera, e mostrar as flores que ganhara da mãe.

210 | **Wanda A. Canutti** pelo espírito *Eça de Queirós*

Surpresa ela ouviu cada palavra da menina, e tomou de sua mão o ramalhete, dizendo-lhe:

— A titia vai prepará-lo para que fique viçoso por muito tempo!

— A mamãe pediu-me que me lembrasse dela quando olhasse para ele.

— Pois então, vamos fazer tudo para que ele resista bastante!

— Quero que o coloque em meu quarto! Assim eu o verei na hora de dormir e quando acordar também!

Luís ouvia a conversa das duas, mantinha-se calado, e Aline nada perguntou. Ela colocou o ramalhete numa vasilha com água fresca, convidou Cecília e, juntas, levaram-no ao quarto da menina.

— Se quiser, pode ficar aqui com ele, minha querida! — sugeriu a tia.

Na verdade, a sua intenção era afastá-la um pouco, para poder conversar com o irmão.

Cecília atendeu prontamente a sugestão, e Aline retirou-se, indo ao encontro de Luís, indagando-lhe:

— Tudo o que Cecília contou é verdade? Você sabia onde Helena se encontrava, por isso convidou-a para passear?

— Eu nada sabia! Depois que ela deixou a nossa casa...

— Depois que você a expulsou, deveria dizer! — interrompeu-o Aline, corrigindo-o.

— Como você quiser! Depois daquela manhã, eu nunca mais a vi nem sabia o que ela estava fazendo.

— Se ela voltou a vender flores, só vem confirmar

Renascendo do Ódio | 211

o seu caráter! Helena tinha tudo para continuar numa vida fácil, ainda mais desprezada pelo marido, e soube manter-se íntegra!

— Tenho pensado muito!...

— Como está ela?

— Com a aparência triste e sofrida, mas continua muito bonita!

— Qual foi a sua atitude, ao vê-la?

— Disse que precisava lhe falar, perguntei onde estava morando, mas ela nada esclareceu, respondendo que já havíamos falado o necessário, e não gostaria de revelar onde se encontra!

— Ela deve ter voltado com a mãe! Seu caráter só poderia tê-la levado lá!

— Também penso assim! Vou deixar passar mais algum tempo e depois vou procurá-la! Não sei porque, mas sinto que ainda não é o momento de trazê-la de volta!

— Por que não!?

— Não sei! Na minha próxima folga, levarei Cecília para vê-la novamente e assim, aos poucos, quem sabe, possamos nos entender! O momento da surpresa passará e ela aceitará conversar comigo. Eu lhe pedirei perdão, e a trarei de volta no momento certo!

— E quando será esse momento? Não acha que já perdeu tempo demais?

— Quando chegar, eu saberei, e tudo será mais fácil! Recomeçaremos nossa vida em bases mais sólidas!

— Não será tão fácil assim! Enquanto os ressentimentos não se desfizerem por completo, haverá muitas reservas!

212 | **Wanda A. Canutti** pelo espírito *Eça de Queirós*

— O meu amor, que foi suficiente para conquistá-la, um dia, será suficiente para reconquistá-la e sermos felizes!

— Não se esqueça de que seus corações estavam livres de problemas e de mágoas! Entretanto, que esses seus propósitos não se modifiquem e você continue como vem procedendo! Agora reconheço outra vez o meu irmão de sempre!

Luís, encerrando a conversa, foi para o seu quarto, mas antes passou pela porta do quarto da filha, parou um instante e verificou que ela, na sua ingenuidade e pureza infantil, olhava para o ramalhete e falava com a mãe, como se a tivesse em sua companhia.

— Logo, minha filha, você a terá nesta casa para sempre! — prometeu-lhe ele em pensamento. — Tudo farei para que Helena me perdoe e eu a trarei de volta para você e para mim!

Alguns dias mais transcorreram. Juvenal e a mãe de Luís ainda permaneciam na casa, empenhando-se com Cláudio, mas ele aparentava maior fúria porque não conseguia fazer mais nada. Por mais que arquitetasse e se esforçasse para atingir o irmão, via-se impedido.

— Em bem pouco tempo, o teremos rendido aos meus braços e ao meu amor! Ele não conseguirá resistir por muito tempo, uma vez que nada mais consegue! — falou a mãe, bastante esperançosa.

— É o momento certo para ele abrir o coração e receber todo o amor que lhe tem demonstrado, e aceite ser levado daqui, para uma vida diferente!

— Aproveitando esse período em que ele se sente inútil na sua ação, eu deverei entrar com novas explicações, e ele, que até agora tem se esforçado para me ignorar, não obstante eu tenha a certeza de que me ouve e está começando a me sentir, cairá em meus braços, rendido ao meu amor e atraído pelo que eu irei oferecer-lhe. Ele compreenderá a inutilidade de se manter renitente, e nós o teremos conosco, deixando Luís livre para seguir sua vida com Helena, trazendo-a de volta a este lar.

Muitas esperanças ela trazia no coração, todas alicerçadas no que já haviam conseguido, e muito pouco faltava, embora fosse o ponto mais importante. Conforme esperava, ele não conseguiria manter-se indiferente por muito tempo mais.

Nos dias subsequentes, a mãe, em demonstrações de amor, muito se empenhou em favor do filho.

Cláudio estava completamente abatido nos seus propósitos e nada mais conseguia realizar, tão impedido se via. Passava o tempo enfurnado em seu quarto, sem conseguir deixá-lo, acompanhado pela mãe que se revezava com Juvenal, quando ela sentia necessidade de assistir os outros membros da família.

Outra folga no trabalho de Luís aproximava-se, e, tão ansioso estava para ver Helena, que, juntamente com a filha, contavam os dias para que o passeio se desse.

— O ramalhete que mamãe me deu, já murchou, papai! Fico triste olhando para ele e precisamos ir buscar outro!

214 | **Wanda A. Canutti** pelo espírito *Eça de Queirós*

— Nós iremos, filha! Papai também está ansioso para ver a mamãe!

— Por que o senhor não a traz de volta para casa?

— É o que tentarei! Ainda não está na hora! Quando mamãe puder, ela voltará e nós seremos felizes outra vez. Ainda faltam algumas providências!

Essa linguagem, Cecília não compreendia, porém Luís desabafava.

Quando novamente chegou o dia do passeio e da visita à Helena, Luís não mais se manteve à distância, mas entregou-lhe a filha, ele mesmo, para os seus braços de mãe, e ficou observando aquela demonstração de um amor imenso entre as duas.

— Oxalá eu também pudesse fazer parte desse abraço, unindo a nossa família! — exclamava Luís, de si para consigo. — Não demorará muito, estaremos todos reunidos!

Cecília contou que o ramalhete murchara deixando--a triste, mas Helena, consolando-a, prometeu-lhe outro, da sua escolha.

Luís não fez nenhuma indagação, nem voltou a perguntar onde ela estava morando. – Ao chegar a hora eu a procurarei, — pensava ele — conversaremos bastante e ela me entenderá. Não devo precipitar nada! Deixe-a embevecer-se com Cecília, assim cada vez mais sentirá a sua falta, e eu conseguirei o seu perdão!

Algumas poucas semanas seguidas Luís levou Cecília para ver Helena que já os esperava, até preparando-se melhor para recebê-los, enquanto sua mãe empenhava-se junto de Cláudio.

Entretanto, em uma das manhãs, quando o silêncio da casa ainda era total, e o Sol começava a iluminar a Terra com seus raios que irrompiam no horizonte, depois de ter estado junto do filho seguidamente por vários dias, ter-lhe falado sem obter nenhuma demonstração de aquiescência aos seus apelos, ela insistiu ainda uma vez:

— Filho querido, um novo dia desponta para todos aqueles que vivem sob as bênçãos do Pai, obedecendo às suas determinações, provendo a sua subsistência e cumprindo a lei da vida! É chegado para você, também, o momento de sentir esse mesmo brilho do Sol e o calor que ele irradia, renovando as esperanças de dias melhores e da realização de sonhos. Como filho querido de Deus, você é merecedor de todas essas benesses que Ele espalha diariamente a todos. Saiba captar a sua parte, não deixe perder oportunidades, para que também possa ser feliz! Esse Pai magnânimo, justo e amoroso, tem os olhos voltados em sua direção, desejando tê-lo de volta para si. Não resista, filho! Eu aqui estou como emissária desse amor que Ele dispensa a todos os Seus filhos, para levá-lo comigo. Veja como tem vivido ultimamente! O meu amor de mãe não pode permitir que você se comprometa tanto diante de Deus, distanciando-se d'Ele cada vez mais! Por isso tenho impedido que continue a praticar o mal. Não oponha resistência! Permita que meus braços o envolvam, mas sinta esse envolvimento de amor e deixe-se embalar nele! Dias felizes ainda o esperam! Sua mãezinha que o ama tanto, quer tê-lo nos braços da mesma forma como eu o tinha ao embalá-lo como o meu bebê muito querido. Desista de tudo e deixe-me levá-lo! Não se mantenha

216 | **Wanda A. Canutti** pelo espírito *Eça de Queirós*

indiferente, porque sei que me ouve! Não existe dor maior para a mãe, que ver um filho sofrer, e ver-se, também, desprezada por ele! Se você aceitar a minha ajuda para sair daqui, logo terá condições de saber o porquê daquele acontecimento, e deixar de julgar seu irmão tão culpado. Você sabe que não vivemos apenas uma vez, mas Deus, na Sua justiça, misericórdia e bondade, nos permite muitas existências aqui na Terra, para ressarcirmos os males cometidos e, com isso, irmos purificando o nosso Espírito. O aprimoramento do nosso Espírito é uma lei da qual não podemos fugir. Por que retardá-lo? Por que não nos empenharmos para realizá-lo rapidamente, uma vez que depende somente de nós mesmos? Compreende, filho, o que eu quero lhe dizer? Você não poderá permanecer aqui indefinidamente! Por que não aceitar a minha ajuda e partir comigo?

Ah, quanto ela lhe falou, quantos apelos, sem que ele desse a menor demonstração de ter ouvido uma única palavra!

Não vendo a menor reação, ela envolveu-o no seu abraço de amor, dizendo-lhe:

— A mamãe o ama muito e não descansará enquanto não o tiver consigo, vendo-o modificado e feliz! Tudo tem que haver um começo, filho! Por que não, agora? Por que retardar o que mais dia menos dia terá de acontecer?

CAPÍTULO 16

Novas providências

Nada do que aquela mãe fizesse ou dissesse, nenhum gesto de amor e carinho comovia o filho tão endurecido, tão arraigado nos seus propósitos, e tão irritado por nada mais conseguir.

Se ela esperava convencê-lo com suas demonstrações de amor, esperava em vão. Ouvindo-a constantemente, sentindo já a sua presença e, em alguns momentos, conseguindo divisar um vulto com a imprecisão que sua condição permitia, ele estava mais revoltado ainda, compreendendo que sua mãe não estava ali para ajudá-lo. No seu entender, todas as suas palavras eram mentirosas. O amor que ela se empenhava em demonstrar, era uma utopia na qual queria fazê-lo acreditar, porque, na verdade, impedindo a sua ação, ela estava é ajudando o irmão a quem tanto odiava.

Ele fora o prejudicado, perdera a vida nas mãos do irmão, por culpa da cunhada, e, se verdadeiramente

218 | **Wanda A. Canutti** pelo espírito *Eça de Queirós*

ela o amasse, deveria ajudá-lo e nunca impedir as suas pretensões, deixando o irmão tranquilo e feliz. Do modo como ele sentia o caminhar da sua interferência, em muito pouco tempo Helena seria trazida de volta ao lar. Como se atirar nos braços de mãe que protege um filho em desfavor de outro, justamente o que tantos prejuízos sofreu?

Esse era o pensamento de Cláudio, e ela, no seu amor de mãe e no desejo de ajudá-lo, não percebeu. Juvenal, porém, que ali também estava em auxílio, conseguiu captar o que ia no íntimo dele, sobretudo quando ela havia apelado para Deus, abraçando o filho intensamente.

A melhor reação que ele entendera, deveria manifestar, era a indiferença e a inércia, deixando-a falar sozinha. Nem o amor proclamado por ela, interessava-lhe, pois sentia-se traído.

Juvenal, surpreso com a sua percepção, chamou a amiga fora do quarto e expôs-lhe suas observações, justificando a atitude do rapaz.

— É por isso, então? Se assim é, muito pouco nos resta a fazer! Ele não entendeu o nosso auxílio e nunca aceitará nada que venha de mim. Não sei mais o que devamos fazer!

— Por nós mesmos não saberemos, mas podemos pedir ajuda!

— Tem razão! Nosso mentor saberá como me orientar neste caso! Bem que ele me preveniu de que não seria fácil, mas as mães sempre acham que só o seu amor é suficiente para tocar o coração dos filhos e convencê-los!

— Como o faremos?

— Se você ficar aqui, para não perdermos o que

já conseguimos, eu voltarei à nossa colônia e de lá trarei novas instruções com o auxílio que me puderem proporcionar!

— Essa é a melhor solução! Quando partirá?

— Hoje mesmo! Preparar-me-ei durante todo o dia e, ao anoitecer, eu o deixarei como guardião de meu querido filho e irei!

— Que Deus a abençoe nos seus propósitos e lhe permita retornar trazendo novas esperanças para uma solução bastante feliz!

— Muito obrigada, amigo!

Aquele resto de dia ela não se ocupou mais em querer convencer o filho, pois, qualquer esforço seria inútil. Somente por amor, do modo como vinha procedendo, ele jamais se renderia.

Pela madrugada ela chegava ao seu destino, e, logo pela manhã, bem cedo, solicitou uma entrevista com aquele que poderia ter, para problema tão sério, alguma solução favorável.

Ao vê-la, ele percebeu que nada havia dado certo e ela vinha pedir-lhe mais.

Com todas as minúcias, ela relatou o que havia conseguido, referindo-se também à indiferença demonstrada pelo filho mais necessitado, o que não podia classificar de recusa, pois ele não se dera nem essa oportunidade, com receio de se trair. A indiferença era mais eficaz e impedia-a de ter esperanças, enquanto a recusa era traiçoeira.

Com toda a atenção ele ouviu a narrativa e respondeu-

220 | **Wanda A. Canutti** pelo espírito *Eça de Queirós*

-lhe que, diante do exposto, nem trazê-lo contra a vontade, não obstante submetido, seria uma solução satisfatória, porque só acenderia ainda mais o seu ódio e, na primeira oportunidade, retornaria e seria mais implacável.

— Nada há a fazer, então?

— Uma solução há, definitiva, e que deverá envolver muito amor!

— Mais do que eu tenho empregado?

— Não diria mais, porém, diferente e demonstrado por outras pessoas!

— Não compreendo! Quem ama meu filho mais que eu?

— Ainda não o amam, mas o amarão tanto que desarmarão qualquer desejo de vingança, embora eu tenha a certeza de que também não será fácil!

— Ainda não compreendi!

— Pois vou explicar melhor e com detalhes: Qual o filho que não se enternece com o amor da mãe que dele cuida desde os primeiros momentos de seu nascimento, depois de acalentá-lo no próprio corpo, para que o dele se formasse? Qual a mãe que não se sente a mais feliz das mulheres quando vê o sorriso de um filhinho querido, dirigido para ela?

— O que o senhor está querendo explicar?

— Exatamente o que a senhora compreendeu! Já não conseguiu que seu filho perdoasse a esposa e logo a trará para casa?

— Sim, ele espera somente que eu consiga retirar o Cláudio de lá! Eu me empenharei para ajudá-lo nessa tarefa, no momento certo.

— Agora deverá se empenhar para que ela volte o mais rápido possível, mesmo sem Claúdio sair de lá! Ao invés de tê-lo ausente, eles o terão muito mais próximo!

— Compreendo as suas intenções e considero seu plano o melhor, diante das circunstâncias atuais! Todavia, somente com Juvenal não poderei realizar tudo o que me expõe!

— Certamente, não! Para trabalho de tal natureza, uma equipe especializada será enviada, e, juntamente com a senhora, começará a trabalhar todos os que estarão envolvidos nessa operação de amor.

— Quando poderei retornar!

— Se desejar, pois vejo seu coração aflito, agora mesmo, mas só! Tomarei as providências necessárias para formar a equipe de atendimento fora dos nossos domínios, que deve compreender, é sempre mais difícil! Por isso, terei de ser cuidadoso para que nada falhe.

— Então ainda demorará?

— Fique descansada! Em três ou quatro dias eles irão ao seu encontro, levando já, bem delineado, tudo o que deverão realizar! No final, ao invés da senhora retornar trazendo seu filho, rendido em seus braços, trará muita paz no coração, por tê-lo depositado em outros braços que também lhe são queridos.

Novas esperanças invadiram o Espírito daquela pobre mãe, e, mais feliz, em pouco tempo retornou ao seu campo de trabalho para o reencontro com o filho querido.

Ao se deparar com ele, vigiado por Juvenal, olhou-o com novos olhos. Não poderia haver melhor solução para aquele Espírito tão empedernido. Um regresso ao corpo físico, nas condições em que o dele se daria, era a única forma de enternecer o seu coração.

A necessidade infantil, com todas as suas limitações e dependência, o fariam voltar-se para a mãe, que, desvelada e com muito amor, supriria as suas necessidades de subsistência, fazendo-o sentir nela o porto seguro onde ele estava ancorado, bem protegido e resguardado, bem cuidado e recebendo muito amor.

Sem se lembrar de nada, seu Espírito se renovaria, e aquele ódio tão profundo se desfaria por completo, sendo substituído por amor, resultado do reconhecimento, da gratidão, e da necessidade de amar aqueles que também o tinham no coração com muito amor.

Juvenal ficou ansioso para saber o que ela havia conseguido, as providências que tomaria, e as orientações que trazia.

Sem perguntar, mas revelando a ansiedade natural daqueles que esperam novas determinações para prosseguir seu trabalho, ele ouviu essa informação:

— Nada faremos!

— A senhora não trouxe nenhuma orientação? — indagou ele um tanto desapontado.

— Oportunamente lhe contarei! Por enquanto tudo continua como está!

Compreendendo que nada devia indagar, Juvenal calou-se, e, aquela mãe tão desvelada e carinhosa, anelando por modificar o filho, passou a vê-lo de outro modo. Não mais aquele homem, embora jovem, de traços firmes e rígidos pelo ódio, não mais aquela fisionomia empedernida pela indiferença, mas um terno e belo bebê, sorridente e feliz, dócil aos carinhos da mãe que não seria ela, e não sentiu nenhum laivo de ciúme, mas uma alegria renovadora.

Ela também o recebera, quiçá de outros braços, e não conseguira fazer dele um homem de bem. Deixara-o muito cedo e não tivera tempo de conduzir com doçura, porém com a energia que só as mães sabem demonstrar sem que os filhos se revoltem mas agradeçam, aquele Espírito rebelde.

Agora o entregaria a outros braços que, com certeza, o amariam com o mesmo amor que sempre lhe dedicara, mas ela teria, também, sem que ninguém visse ou soubesse, a oportunidade de ajudá-lo. Ele teria a mãe carnal, mas contaria, ainda, com a mãe espiritual, cada uma suprindo as necessidades daquele Espírito insubmisso e obstinado. E revelando sempre muito amor, conseguiriam enternecer seu coração e devolvê-lo ao caminho reto das obrigações, da responsabilidade e da correção de caráter.

Bem mais tarde, quando lhe foi permitido, ela, chamando Juvenal, falou-lhe:

— Neste momento não vejo nenhum perigo! A ação de Cláudio está bastante reduzida, para não dizer aniquilada, e ele, vendo que nada mais consegue, mesmo que nos afastemos por alguns instantes, não se atreverá a nada.

— Por que devemos nos afastar?

— É a hora de lhe narrar todas as providências que serão tomadas em favor de Cláudio, porquanto seu concurso também será necessário!

224 | **Wanda A. Canutti** pelo espírito *Eça de Queirós*

— O que será feito e como poderei ajudar?

— Aqui não é um bom lugar para conversarmos! Esta cidade nos oferece jardins e parques muito bonitos. Vamos a um deles e, ao abrigo da natureza, conversaremos!

Utilizando-se da volitação, em instantes os dois estavam sobre um lugar muito aprazível.

— Para o que pretende, no jardim que vemos, estaremos bem! — manifestou-se Juvenal.

— Pois vamos até ele!

Caminhando entre as aleias de árvores frondosas, nas quais os pássaros começavam o seu chilreio anunciando um novo dia cheio de alegrias para eles, ela expôs todo o plano que o mentor elaborara no instante do seu pedido, como única solução possível para seu filho.

Ouvindo atentamente, e refletindo em cada palavra, quando ela terminou, Juvenal concluiu:

— Por mais nos esforcemos e demonstremos amor no cumprimento das nossas tarefas, não temos a sabedoria que os nossos maiores revelam, ao dar solução aos problemas. Jamais eu teria pensado em tal medida, mas vejo nela a única forma de auxiliar seu filho! Se ele tanto se revoltou por ter perdido a vida, nela ingressará novamente, e justamente por intermédio daquele que foi causa da sua volta ao Mundo Espiritual e daquela que julgou culpada de tudo. Não podemos negar, é um plano sábio e com um alcance muito maior do que nos é dado saber neste momento!

— Nada do que conversamos deverá ser comentado diante de Cláudio, até a chegada da equipe que promoverá a sua reencarnação, a fim de que a oportunidade não se perca!

— Assim o será! Quando eles deverão chegar?

— Foi-me afirmado que dentro de três ou quatro dias estariam conosco!

— Não só Cláudio deverá ser preparado, mas Luís e Helena também! — lembrou Juvenal.

— Nisto eu poderei ajudar bastante! Conversarei com os dois, quando seus Espíritos estiverem libertos pelo sono, facilitando a ação dos nossos companheiros, quando chegarem!

— Então pode iniciar hoje mesmo!

— Esta noite mesma farei já uma pequena parte, mas muito valiosa, desse plano que começará a ser executado. Agora é bom voltarmos!

A noite vindoura seria de grande importância. Novamente aquela mãe teria um encontro com Luís e, conforme as disposições que ele revelasse, começaria a prepará-lo para entender o plano bendito que seria executado em seu lar.

Com essa intenção, logo que Luís, despedindo-se da filha, recolheu-se em seu quarto para o repouso, ela o acompanhou. Enquanto ele estivesse em vigília, ela permaneceria em orações e, ao percebê-lo retirando-se do corpo, iria ao seu encontro.

Essas eram suas pretensões, e cuidaria para que nada falhasse. Porém, aproveitando o tempo em que ele se preparava para deitar, aproximou-se mais e transmitiu--lhe pensamentos de paz e compreensão, notando sua

226 | **Wanda A. Canutti** pelo espírito *Eça de Queirós*

mente ligada às lembranças da esposa. — Ah, se ela estivesse comigo! — exclamava ele, lamentando a solidão em que estava vivendo. — Eu desbaratei a nossa vida, não tenho o direito de desejar a sua volta. Nada mais será como antes, mesmo que ela retorne. Algumas vezes temos conversado, mas sempre diante de Cecília, quando a levo para vê-la. Ainda não tive coragem de falar-lhe a sós, procurando-a e pedindo-lhe perdão. Sei que ela deve estar morando com a mãe, embora nada tenha me afirmado, mas, conhecendo a sua dignidade, ela não poderia estar em nenhum outro lugar.

Aproveitando esses pensamentos, sua mãe interferiu, fazendo-o julgar que seu próprio pensamento o estivesse induzindo a procurá-la o mais rápido possível, pois ela se encontrava pronta e desejosa de estar constantemente com a filha, e não vê-la apenas uma vez ou outra, durante tão pouco tempo.

O amor de mãe é muito exigente e quer estar sempre junto do filho, ajudando-o nas suas dificuldades, protegendo-o, cuidando dele, acompanhando todos os seus passos e regozijando-se com suas vitórias, e Helena não era diferente. — Não vacile mais! — estimulava-o. — Procure-a rapidamente!

Nesses pensamentos, Luís adormeceu, e, ao desprender-se do corpo, a mãe foi ao seu encontro, abraçando-o com muito amor.

— Mamãe! Que alegria vê-la novamente! Tenho me sentido muito só, apesar de estar com Cecília e Aline, mas falta-me Helena. Ajude-me, mamãe, a trazê-la de volta!

— Acompanhei seus pensamentos enquanto ainda

desperto, e sei do que fala! Eu mesma o estimulei a procurá-la sem perda de tempo! Estarei com vocês e farei com que suas palavras lhe cheguem ao coração. Farei com que ela compreenda o seu apelo e aceite o seu perdão!

— Amanhã à noite eu irei à casa de sua mãe, pois é lá que ela está, não é mesmo?

— Sim, filho! Helena está com a mãe, trabalhando para ajudá-la e sofrendo muito a falta da filha. Pela sua disposição de procurá-la, eu os ajudarei, mas começarei meu trabalho agora mesmo!

— Como o fará?

— Venha comigo e logo verá!

— Eu também estarei presente?

— Você será o elemento principal do que vamos fazer! Vou levá-lo à casa de Helena, e, se puder encontrá-la já, enquanto seu corpo repousa, sua visita da próxima noite será mais eficaz.

— Eu confio na senhora porque sei que me ama! Vamos!

Ela conduziu-o à casa de Helena, deixou-o na sala e foi ao quarto verificar como a encontraria.

Helena dormia profundamente e seu Espírito estava ausente.

— É preciso fazê-lo retornar! — pensou ela. — Será mais fácil se o encontro se der aqui!

Utilizando-se dos recursos que possuía, fê-lo retornar ao corpo, percebendo que ela lamentou o despertar.
— Sonhava com Cecília, tinha-a na minha companhia e acordei tão de repente! — exclamou. — Não compreendo o que houve!

228 | Wanda A. Canutti pelo espírito *Eça de Queirós*

A mãe de Luís lastimou ter interrompido o colóquio entre ela e a filha, mas o momento era de grande importância. Se conseguisse o que pretendia, ambas teriam a vida toda para estarem juntas.

Asserenando-a do recente despertar, fê-la adormecer novamente, e, quando percebeu seu Espírito liberto, foi ao seu encontro, apresentando-se:

— Sou a mãe de Luís, o esposo que você ama e que está ansioso para tê-la de volta no seu lar!

— Eu não a conheci, mas fico feliz por este momento! Seus filhos sempre falaram na senhora com muito carinho!

— Todos os filhos falam com carinho de suas mães, assim como Cecília fala em você, desejando tê-la em sua companhia para sempre!

— A senhora sabe que é impossível! Saí de lá expulsa pela incompreensão de meu marido e pelos erros que cometi!

— Não vamos, agora, falar de incompreensão nem de erros! Luís veio comigo e quer lhe falar!

Conduzindo a jovem até à sala, ela avistou Luís e constrangeu-se, sem saber o que dizer ou fazer!

— Mamãe, na sua bondade, compreendendo o meu sofrimento pela sua ausência, trouxe-me para lhe falar!

Helena continuou calada e ele, um tanto tímido, prosseguiu:

— Muitas vezes temos nos encontrado quando levo Cecília para vê-la, mas, na verdade, eu também anseio por aquelas visitas. Você sabe o quanto eu a amei e o quanto a amo ainda, apesar de ter malbaratado a nossa vida. Nada do que eu lhe disser, eu sei, terá perdão! Eu fui muito rude e rigoroso com você, mas eu não agi por mim mesmo. Nós fomos vítimas de meu irmão, — mamãe explicou-me — e aqui está para lhe dar ciência do que aconteceu.

A mãe, compreendendo que já podia interferir, convidou-os a sair, e, diante do céu aberto, da natureza sempre amiga, expôs a Helena o que havia acontecido. Em certo momento, Luís interrompeu a mãe, acrescentando:

— Assim que mamãe conseguir convencer Cláudio a se retirar do nosso lar, sem que nada mais interfira em nossas vidas, eu gostaria de tê-la comigo outra vez, se você puder me perdoar!

Ouvindo toda a narrativa, Helena ousou dizer que, desde que se retirara daquela casa, sentira-se liberta, e, tendo readquirido a sua própria personalidade e o controle do seu pensamento, entendera tudo. Sua mãe havia compreendido também e a ajudara.

— Então você não me considera tão culpado?

— Nem você nem eu o fomos pela nossa própria vontade e decisão, mas como instrumentos da vontade de Cláudio, à qual não soubemos nem pudemos resistir! Essa foi a nossa culpa!

— Então, quando ele se retirar, você voltará conosco?

A mãe de Luís, ouvindo essas suas esperanças, acrescentou:

— A retirada de Cláudio está muito difícil, não obstante ele esteja sem ação e, indiferente, não aceita

230 | **Wanda A. Canutti** pelo espírito *Eça de Queirós*

nenhum auxílio! Só há uma forma de se libertarem do seu assédio, recebendo-o com muito amor!

— Não compreendo! A senhora sabe que Cláudio não aceita o amor de ninguém! — exclamou Luís.

— Logo compreenderá! Não se esqueça de que você lhe retirou a vida, ocasionando todo o mal que os envolveu depois!

— Se a senhora soubesse o quanto me arrependo daquele ato e o quanto tenho sofrido por causa dele! Se pudesse retornar no tempo, nada daquilo teria acontecido!

— Sempre é tempo de remediarmos o mal que fazemos, filho! E você também terá essa oportunidade, muito breve!

Antes que ele indagasse o significado das suas palavras, Helena exclamou:

— Você não o fez premeditadamente!

— Obedeci a um impulso de defesa de mim mesmo, e de raiva por ele tê-la acusado!

— Isto é passado e não adianta recordar! O importante é que vocês retomem a vida de antigamente e deixem Cláudio por minha conta! – esclareceu a mãe de Luís.

— Se ele continua lá, uma hora ou outra nos aprontará novas ciladas e, sem percebermos, nos deixaremos envolver!

— Deixem Cláudio comigo e cuidem de vocês!

Os poucos dias que antecederam a chegada da equipe de trabalho, foram de muita atividade para a mãe de Cláudio.

Quando Luís despertou naquela manhã, trazia, sem

Renascendo do Ódio | 231

atinar o porquê, o firme propósito de visitar Helena à noite e propor-lhe o retorno ao lar. Conforme prometera, a mãe o acompanharia e facilitaria o entendimento entre ambos.

Depois do jantar, sem comentar com Cecília onde iria ou o que faria, chamou Aline e, confidencialmente, revelou-lhe que iria tentar uma entrevista com Helena.

A mãe já o esperava e, ao deixarem a casa, ela o acompanhou, colocando em seu coração palavras de encorajamento e decisão, para que ele não fraquejasse e se arrependesse, tentando recuar.

Ao chegarem, antes dele bater ao portão, ela deixou--o e entrou, postando-se junto de Helena, para que ela também, sem nenhum receio, o recebesse.

Ambos estavam preparados e, ao ouvir que batiam, ela mesma foi atender, surpreendendo-se com a presença de Luís.

— Você aqui? Não trouxe Cecília?

— Hoje a conversa é entre nós, e, se me convidar a entrar...

— Como deixou Cecília?

— Ela está bem! Continua falando em você a todo o instante, mas eu não lhe disse que viria vê-la nem o que viria fazer, para não lhe dar esperanças que podem não ser concretizadas.

— De que fala?

— Se me deixar entrar, eu exporei o motivo da minha visita.

— Como descobriu que eu estava em casa de mamãe?

232 | **Wanda A. Canutti** pelo espírito *Eça de Queirós*

— Desta vez não mandei nenhuma carruagem segui-la, mas sabia, você não poderia estar em outro lugar.

Helena convidou-o a entrar e, na pequena sala de visitas, ofereceu-lhe uma cadeira, mantendo-se em pé.

— Se você não se sentar, considerarei que não está à vontade diante de mim, e me verei impedido de expor o que me trouxe! Sente-se, também!

Numa cadeira bem próxima a ele, Helena acomodou-se, dizendo-lhe:

— Se assim se sente melhor, pode falar que eu o ouvirei!

— Esta sala recorda-me a primeira vez que aqui entrei, trazendo muitos sonhos e esperanças!

— Que logo se desvaneceram!

— Sim, tem razão! Sofremos bastante, perdemos nossos bens, nossa posição social, perdemos tudo!

— Mas éramos felizes, lutando, porém unidos! E ainda mais o fomos quando Cecília chegou, mas depois...

— Envergonho-me do depois, e é por isso que vim pedir que me perdoe e volte ao nosso lar, para mim e para Cecília!

— Você sabe que muito sofri e fui humilhada pelo que me vi obrigada a fazer e pelo que aconteceu depois!

— Não será possível esquecer?

— Ninguém esquece com facilidade marcas tão profundas!

— Se um dia contribuí para que essas marcas fossem gravadas no seu coração, o meu amor por você ainda é grande e tudo farei para retirá-las! Você, que sempre foi tão boa, não será capaz de me perdoar? — insistia Luís.

Renascendo do Ódio | 233

— Não guardo mágoas nem rancor de você, que sabe, também o amo, mas tenho muito medo! Quem esperava o que aconteceu? Quem pode afirmar que não acontecerá novamente?

— Agora é diferente! Sinto-me com o pensamento e as ações livres! Ajo com liberdade e não impelido como naquela ocasião, sem poder resistir àquelas sugestões maléficas!

— Você também se sentiu como se alguém pensasse por você e o impelisse a agir como agiu?

— Só agora que me sinto liberto é que comecei a analisar!

— Eu também tive essa mesma impressão assim que deixei a nossa casa! Meus pensamentos se aclararam e eu comecei a ver tudo ao meu redor, com outros olhos! Naquela ocasião, nem as flores vi como vender, imaginando que ninguém as compraria na situação em que o país estava, e ainda está! Segundo mamãe, e agora eu também acredito, nós fomos vítimas da vingança de Cláudio, que retornou com todo o seu ódio para nos destruir, e conseguiu!

— Se hoje nos sentimos libertos, ele nada mais fará! Tenho sonhado, ultimamente, com mamãe e ela nos ajudará. Se Cláudio voltou para nos prejudicar, ela também pode ter vindo para nos ajudar! Por isso sinto-me diferente e anseio pela sua volta.

— Apenas porque julga que sua mãe assim o deseja?

— De forma alguma! Aqui estou por mim mesmo, porque a amo e quero vê-la de novo no nosso lar, para mim e para nossa filha. Referi-me à mamãe, por poder pensar com mais clareza e liberdade, o que pode ser resultado do seu auxílio! O que me diz? Volte comigo agora mesmo e faremos uma surpresa à Cecília!

— Não é assim que deve ser! Preciso também pensar para decidir! Quero conversar com mamãe que sempre me ajuda com seus conselhos.

— Posso ter esperanças?

— Não convém que lhas dê ainda! Preciso pensar!

— Cecília fala em você o tempo todo!

— Eu também penso nela a todo instante e sinto muito a sua falta. É como se eu não estivesse completa, que falta um pedaço de mim.

— Quando poderei ter sua resposta?

— Assim que a tiver, você saberá! Talvez na próxima vez que levar Cecília para me ver, ou quem sabe eu não o faça de modo diferente? De qualquer forma, você o saberá!

— Não me deixe esperar muito! Reconstruamos a nossa vida, unamos a nossa família o mais rápido que pudermos, para sermos felizes outra vez!

O assunto pareceu encerrado e Helena, sem mais nada dizer sobre o que conversaram, acrescentou apenas:

— Agora vá! Não deixe Cecília mais tempo sem você! Ela, com certeza, o espera! Leve-lhe o meu beijo de muito amor!

Luís entendeu que deveria se retirar, e, despedindo--se, deixou aquela casa simples e pobre como atualmente era a sua também, mas levava algumas esperanças.

CAPÍTULO 17

O mal pelo bem

Algumas medidas foram sendo tomadas para que, à chegada da equipe de trabalho, naquele lar, em auxílio a Cláudio diretamente, e aos outros, de modo indireto, houvesse menor perda de tempo e mais eficiência.

Quanto a Cláudio, de quem Juvenal ficara incumbido enquanto sua mãe tomava outras providências, nada o comovera, e ele também não insistira mais. Apenas permanecia em sua companhia, em preces, transmitindo-lhe pensamentos de esperança, aos quais ele continuou sem reação.

Nas poucas vezes em que deixava o quarto, Juvenal não só o acompanhava, mas impedia-lhe qualquer tentativa de restabelecer sua influência contra o irmão que odiava.

Assim, passaram-se três dias. No quarto dia, ao entardecer, Juvenal e aquela mãe que tanto se empenhava em favor dos filhos, tiveram a surpresa de ver adentrar a casa, um pequeno grupo de seis entidades de natureza mais elevada que eles mesmos e, conforme esperavam, especializadas em fazer cumprir o plano em questão.

Com um sorriso de boas-vindas, a mãe de Cláudio demonstrou a alegria que a tomava naquele instante, agradecendo, ao mesmo tempo, a Deus, ter permitido o auxílio em favor do filho.

O que chefiava o pequeno grupo, adiantou-se, perguntando onde estaria o jovem, objeto de sua atenção e trabalho.

Ela encaminhou-os ao quarto onde ele passara a permanecer quase o tempo todo, informando-os:

— Como nada conseguimos, pelo menos temos impedido a sua ação, e ele, revoltado, nada aceita, aguardando qualquer oportunidade para agir novamente em prejuízo do irmão.

— Estamos a par de tudo e precisamos tomar algumas medidas, antes de iniciarmos o nosso trabalho propriamente dito!

— Se eu puder ajudar!...

— Como mãe, sua ajuda será imprescindível! Quanto a este jovem, — expressou-se, indicando-o — nada faremos por ora!

E, convidando a todos para se retirarem, fora do quarto, prosseguiu nas suas explicações:

— É necessário, antes de qualquer iniciativa, consultar aqueles que irão recebê-lo! Se para Cláudio não haverá escolha, tanto para aceitar quanto fugir, com os pais será diferente. Um Espírito lhes será confiado e sabemos que não lhes será fácil! Ele é rebelde e traz muito ódio, por isso precisamos ter a palavra de aceitação dos dois. Se promovermos a sua reencarnação, obrigando-os a receberem-no, o nosso trabalho dificilmente terá o mesmo êxito. Poderá não ter o seu desenvolvimento normal, e até nos depararmos com o nascimento impedido, fazendo-nos perder todo um plano que será benéfico a todos pelas culpas que trazem.

— O senhor precisa conversar com os dois ao mesmo tempo?

— Será mais eficaz se assim for! Eles serão os pais, e, juntos, um ajudará o outro, se houver vacilações, e o fará compreender, se houver receio.

— Tenho me empenhado bastante, mas, se o senhor está a par de tudo, sabe que eles ainda se encontram separados. A volta da minha nora, já tenho como certa, mas ainda não se deu!

— Pois então faremos um outro trabalho preliminar, e a induziremos a voltar rapidamente!

— Ela tem certos pudores e, apesar de ansiar pela companhia da filha e ainda amar o marido, receia!

— Nós a faremos voltar amanhã mesmo!

— De que forma?

— Atingindo o seu coração no que ele tem de mais terno — o seu amor de mãe!

— Não compreendo!

— É muito simples! Ela voltará em razão de pequena enfermidade em sua filha, que nós mesmos, para o bem de todos, promoveremos. Não haverá gravidade nenhuma, mas eles não sabem e se assustarão! Pela manhã, antes

238 | **Wanda A. Canutti** pelo espírito *Eça de Queirós*

mesmo do horário do almoço, ela estará aqui! Será o meio mais eficaz para evitar que ela fique pensando se deve ou não voltar. Ela o fará sem pensar em nada, apenas atraída pelo amor da filha, e depois, não sairá mais!

Um tanto assustada com a medida que julgou drástica, a avó de Cecília indagou:

— Nada pode ser feito sem que minha neta seja atingida?

— Às vezes, por necessidade, precisamos atingir os inocentes que muito amamos, para a consecução do bem! Sua netinha nada sofrerá além do necessário para trazer a mãe de volta, e depois, ela mesma bendirá o mal que teve pelo bem que terá. Um é momentâneo e sem gravidade, o outro será permanente e lhe trará só alegrias. É o mal pelo bem! Lembre-se de que muitas vezes precisamos do mal para que o bem seja proporcionado!

— Compreendo! Eu velarei por ela, fazendo-a sofrer menos!

— Ela não sofrerá nada, mas as crianças são suscetíveis a qualquer sensação, e ela terá somente o de que necessitamos!

Pela manhã, antes de Luís e Aline se levantarem, começaram a ouvir Cecília choramingar. Aline, pela própria sensibilidade de mulher, e sentindo a responsabilidade dos cuidados com a criança, levantou-se rapidamente e foi ao seu encontro.

— O que aconteceu, minha querida? O que está sentindo? Dói em algum lugar?

Enquanto indagava, verificava, com o termômetro de sua mão espalmada, se ela estava com a temperatura alterada, mas não lhe pareceu senti-la febril.

Cecília continuava a choramingar, sem conseguir explicar o que sentia.

— Onde dói? — indagava a tia, insistindo para que ela explicasse.

— Dói-me a cabeça, depois passa, às vezes dói-me a perna...

— Que sensações mais estranhas! Vou chamar seu pai! Talvez precisemos de um médico!

Estimulada pela avó que lhe tomava a vontade, fazendo-a lembrar-se com insistência da mãe, ela respondeu:

— Não quero médico, quero a mamãe junto de mim!

— Sua mãe!? Sabe que ela não está conosco!

— Peça a papai para ir buscá-la! Eu quero a mamãe comigo! Se ela vier, eu ficarei boa!

— Espere um pouco, querida, vou chamar seu papai!

Apressada, Aline foi ao quarto de Luís que já havia levantado para ver a filha. Impedindo-o por instantes, ela contou o que Cecília dizia sentir, acrescentando que ela parecia confusa na explicação dos sintomas, mas chamava pela mãe, choramingando, demonstrando, claramente, o desejo de tê-la em sua companhia.

— Eu irei vê-la, talvez precise de médico!

— Ela diz que não quer médico, quer somente a mãe! Você sabe, quando uma criança não está bem, ninguém substitui a mãe, com a qual ela se sente segura e protegida.

— Mas pode precisar de médico também! Eu vou vê-la!

240 | **Wanda A. Canutti** pelo espírito *Eça de Queirós*

Junto do pai ela repetiu o mesmo, apelando-lhe para que fosse buscar a mãe.

— Papai promete que vai, mas mamãe trabalha, você sabe!

— Se o senhor for, ela virá! Ela parará seu trabalho e virá! Vá buscá-la! — insistia, voltando a chorar.

— Ela deve estar doente pela falta da mãe! — exclamou Aline.

— Eu irei buscar Helena!

— Você o fará? — indagou Aline admirada.

— Pela minha filha, tudo farei! Já é hora mesmo de Helena voltar para casa!

— Você supõe que ela virá para ficar?

— O mais difícil será transpor a porta de entrada! Lembre-se de que ela saiu muito ofendida, e teme ser humilhada! Eu já lhe pedi perdão e insisti para que ela voltasse. Agora ela o fará sem pensar em nada, e depois, nos empenharemos para não deixá-la sair.

Ainda era muito cedo para Helena estar no seu ponto de vendas, e Luís precisaria ir à sua casa. Tomaria uma carruagem para não haver perda de tempo, e em menos de uma hora estariam de volta.

Depois da sua saída, Cecília, apaziguada e esperançosa, deixou de chorar e, junto da tia, ficou esperando a chegada da mãe.

A avó, participando e ajudando no plano, estava surpresa com o bom resultado até então conseguido, compreendendo que, às vezes, mesmo as medidas um tanto violentas precisam ser usadas, pela eficácia que apresentam.

Uma parte do plano cumpria-se, e, com Helena em casa, tudo seria mais fácil. O trabalho circunscrito a Cláudio logo poderia ser iniciado, sem nenhum receio de fracasso ou desperdício de tempo.

Uma hora mais tarde, aflita e preocupada, Helena entrou porta adentro, indo direto ao quarto da filha, que, ao vê-la, abraçou-se a ela, dizendo:

— Eu estava muito mal, mamãe!

— Agora ficará boa, filhinha!

— A senhora vai ficar comigo?

— Sim, vim para ficar com você!

— E não vai mais embora?

Antes de responder, Helena olhou em torno de si, encontrou os olhos de Luís que faziam o mesmo apelo, mas, ainda assim, manteve-se calada.

Persistindo na indagação, Cecília repetiu:

— A senhora não vai mais embora, não é mamãe? Veio para ficar comigo para sempre!

— Responda que vai ficar! — apelou-lhe Luís.

Olhando-o novamente, e ouvindo a filha repetir as palavras do pai, ela disse apenas:

— A mamãe vai pensar!

— Eu quero que a senhora fique!

— Todos nós queremos, filhinha! — exclamou o pai.

— Insista que ela ficará! Ela a ama muito e não vai deixá-la doentinha como está!

— Já estou me sentindo melhor, mas, se a senhora for embora, ficarei doente outra vez!

— Mamãe, ficará! Mamãe a ama muito para vê-la doente!

Aline, lembrando Luís de que ele já deveria ter saído para o trabalho, avisou-o do horário.

— Hoje não devo ir! Cecília não está bem!

— Helena ficará com ela e eu também estou aqui!

— Só irei se Helena prometer que me esperará!

— Pode ir, Luís, eu ficarei com Cecília e o esperarei voltar! Gostaria de avisar mamãe, ela ficou preocupada!

— Quando deixar o trabalho, à tarde, passarei pela sua casa e direi que Cecília já está bem, mas que você ficará conosco para sempre!

Helena nada respondeu, e Luís compreendeu que era o assentimento final. Ela não os deixaria mais, eles reconstruiriam suas vidas e voltariam a ser felizes.

A parte mais importante e imprescindível para a concretização do plano estava estabelecida. Helena não mais se retiraria daquela casa e, em pouco tempo, o que haviam vindo realizar, seria efetuado.

Contudo, outras providências, aquelas diretamente ligadas a Cláudio, deveriam ser tomadas. Antes de qualquer outro trabalho mais específico relativo à sua reencarnação, a fim de que nada resultasse adverso do que esperavam, irmão Aprígio, o chefe da equipe de trabalho, decidiu que ele deveria ser adormecido. Era mais seguro que assim ocorresse, pois estaria sob os olhos e o domínio dos membros da equipe, sem nenhuma atitude de revolta ou recusa, uma vez que ele não participaria, de forma alguma, com sua decisão ou vontade.

Sua situação atual impedia que ele visse qualquer ser de maior elevação espiritual, por isso não foi difícil.

Todos se achegaram ao seu leito, circundaram-no, deixando a cabeceira para ser ocupada por aquele que promoveria mais diretamente o auxílio — irmão Aprígio. Quando as condições se mostraram satisfatórias, ele, colocando a destra sobre a fronte de Cláudio, em profunda prece e desejo de auxiliar, transmitiu-lhe passes para adormecê-lo.

Se o que pretendia lhe fosse favorável, daquele adormecimento, sua equipe partiria para o trabalho relativo ao seu renascimento, e, se alguma situação adversa surgisse — o que esperava, não acontecesse — ele seria desperto sem nenhum prejuízo para a sua integridade espiritual.

Assim, em poucos instantes, com o auxílio vibratório de todos, Cláudio, sem demonstrar a menor reação, foi adormecendo.

Helena passou o resto daquele dia com Cecília, vendo-a melhorar a olhos vistos, e, no fim da tarde, com a chegada de Luís, ela estava alegre e bem disposta, guardando ainda o leito, por imposição da mãe.

A mãe de Helena fora avisada, e, diante do que Luís afirmara, preparou algumas roupas das poucas que ela levara, e entregou-as num pacote a Luís, dizendo que lhe seriam necessárias.

Ela não fez nenhum comentário, nem condenando nem acatando a atitude da filha, mas compreendendo que, quando Deus deseja promover sua ação sobre quem sofre, para auxiliá-lo, até uma pequena enfermidade é um recurso eficaz. Sem nada demonstrar nem

244 | **Wanda A. Canutti** pelo espírito *Eça de Queirós*

revelar, intimamente estava feliz com a sua decisão.

Quando Luís chegou à casa entregando a Helena o pacote enviado pela mãe, ela surpreendeu-se:

— Você pediu minhas roupas à mamãe?

— Apenas lhe comuniquei sua decisão e a informei do estado de saúde de Cecília. A iniciativa de enviar as roupas foi dela.

— Mamãe, na sua simplicidade, tem muita sabedoria! Compreendeu que eu não deixaria mais minha filha, e, com receio de que eu voltasse atrás na minha decisão, já mandou-me as roupas.

— Ela sabe que eu a amo muito e, se dificuldades tivemos, não as teremos mais! O sofrimento ensina-nos a valorizar o que possuímos e a nos esforçarmos para nada perdermos outra vez, quando depende de nós mesmos a resolução.

Vendo o pai, Cecília, demonstrando que estava bem, quis levantar-se, dizendo:

— Se mamãe não vai mais embora, eu também não vou mais ficar doente!

— Ficaremos todos juntos, querida, — exclamou Luís — porque nos amamos muito!

A avó da criança e seus novos companheiros, bem como Juvenal, presentes a essa cena, sorriam pela vitória conseguida, e ela, dirigindo-se ao chefe da equipe, falou-lhe:

— Mesmo antes do trabalho ser concluído, sou-lhe devedora da minha gratidão. Se nada mais for conseguido, a minha alegria já é muito grande por vê-los reunidos.

— Ainda nada fizemos! O nosso objetivo principal não era esse, mas, se não realizássemos essa parte, nos

Renascendo do Ódio | 245

veríamos impedidos de prosseguir. São providências encadeadas umas às outras, e todas necessárias ao bom sucesso da empreitada.

— Quando dará continuidade ao trabalho com Cláudio? — indagou ela.

— Devemos esperar mais alguns dias até que a reconciliação se consolide de vez, para podermos confiar na eficácia do que precisamos realizar.

A alegria parecia ter retornado ao lar de Luís, e até Aline, sempre tão taciturna e introvertida, demonstrava felicidade. A presença de Helena significava a alegria do irmão e da sobrinha, e a sua também, pois se habituara à cunhada e lhe queria bem. As atividades da casa seriam divididas, sobretudo a responsabilidade com Cecília, e ela se sentiria aliviada de maiores preocupações.

Em poucos dias a união familiar estava plenamente consolidada. E, diante disso, o chefe da equipe, enviado para realizar trabalho tão importante, de um alcance muito profundo, deliberou:

— Chegou a hora de começarmos a pôr em ação todo o plano que trouxemos!

— Por onde começará? — indagou a senhora cujo filho ainda dormia, aguardando o desenrolar dos acontecimentos.

— Pela providência primeira e essencial para o caso! Conversarei, esta noite mesma, com aqueles que irão receber Cláudio no seu seio de amor!

CAPÍTULO 18

Entrevista decisiva

Durante o resto daquele dia, foram colocados, junto de Helena e Luís, irmãos que faziam parte da equipe, para protegê-los e prepará-los para a receptividade do que transcorreria à noite, quando seus Espíritos estivessem libertos.

Cada um a seu modo, segundo orientação, além da proteção que lhes davam, transmitiam-lhes palavras de fortalecimento e esperanças, e, entre essas esperanças, a de que Helena poderia receber, no seu seio de amor e nos braços de mãe, mais um ser que aumentaria a felicidade do lar.

Esse trabalho foi realizado em cada um separadamente, e as ideias intensamente captadas e fixadas em seus Espíritos. No final do dia, quando Luís e Helena se reencontraram, já sem nenhum ressentimento nem lembranças infelizes, mas alegres e esperançosos, desfrutando do amor que sentiam e ainda eram capazes

248 | **Wanda A. Canutti** pelo espírito *Eça de Queirós*

de demonstrar um ao outro, comentários foram feitos:

— Lembra-se, Luís, — indagou-lhe Helena – de que há algum tempo atrás eu afirmei que ainda queria ter outros filhos?

— Essa pergunta é muito oportuna pelos pensamentos que tive hoje!

— E quais foram?

— Não sei por que, mas lembrei-me, o dia todo, de que poderíamos ter mais um filho!

— Também tive esse pensamento, e ele deve ter algum significado, ainda mais que não foi só meu!

— Um filho será sempre querido e abençoado por nós!

— Sempre quis ter mais filhos, mas compreendo que a nossa situação atual não é fácil, e um filho significa maiores encargos e mais dificuldades financeiras!

— Não podemos pensar assim! Imagine se vier um menino? Já temos Cecília que é o nosso amor e a nossa ternura, mas um filho homem daria continuidade ao nosso nome de família!

— O nome de família é importante, mas hoje, por tudo o que passamos, não tem mais o significado que a sua posição social lhe imprimia!

— Compreendo, mas nome é nome! Mesmo nas condições em que nos encontramos hoje, ele deve ser preservado!

— Esperemos a vontade de Deus! Ele é quem sabe quando teremos outro filho, se entender que o deveremos ter!

— Quando esse momento chegar, se chegar, ficarei muito feliz e mais trabalharei se necessário for!

Renascendo do Ódio | 249

O terreno estava preparado, a semente logo poderia ser lançada para que frutificasse, e novas oportunidades dadas àquele Espírito endurecido, assim como a eles — os pais — que também tinham compromissos a serem saldados.

À noite, quando ambos se encontravam libertos pelo sono, primeiramente a mãe de Luís se apresentou a cada um, manifestou a sua alegria por vê-los unidos e felizes novamente, e recebeu deles, também, sobretudo do filho, demonstrações de alegria por vê-la.

Depois desse primeiro momento tão terno e familiar, ela disse que alguém precisava falar-lhes. Que o assunto era muito importante, do interesse dos dois, por isso aguardassem pois receberiam, ali mesmo, a visita que ela fora preparar.

— De quem se trata, mamãe? — perguntou Luís, demonstrando curiosidade.

— Aguardem e terão todos os detalhes em seguida!

Sem que ninguém necessitasse avisar ou chamar, irmão Aprígio adentrou o quarto e lhes foi apresentado pela mãe de Luís.

— É ele quem deve conversar com vocês!

Os dois, um tanto inquietos pela expectativa e pelo inusitado, sem nada responder, aguardaram a sua manifestação, que não se fez esperar muito.

— Há algum tempo nos encontramos neste lar, esperando este instante, porque lhes trago uma missão de muita relevância!

Helena e Luís se entreolharam, mas continuaram calados.

250 | **Wanda A. Canutti** pelo espírito *Eça de Queirós*

— Antes, porém, de expor-lhes o motivo principal da minha presença neste lar, com toda uma equipe que me assessora, devo fazer algumas considerações e lembrá-los de uma situação de muito sofrimento.

Luís, sem conter a ansiedade, considerou:

— Parece-me que o momento é solene e importante! De que se trata? O que deveremos fazer? A que missão se refere?

— Todas as perguntas terão respostas ao final da minha fala! Há algum tempo atrás, este lar foi abalado por um acontecimento lamentável em que uma pessoa, seu irmão, perdeu a vida em suas mãos! — assim expressou-se ele, olhando para Luís que se retraiu pelas tristes lembranças, mas logo em seguida, manifestou-se, explicando:

— Se o senhor tem o fato com precisão, deve saber que foram as circunstâncias que me levaram àquele ato tão extremo, e pelo qual tenho sofrido muito. Nada foi premeditado, e fomos vítimas, depois, de sofrimentos atrozes!

— Cada ato tem sua nuance de responsabilidade! Mas, de qualquer forma, um ser humano foi impedido de continuar a viver, e, o que é muito mais grave, encheu-se de revolta quando teve consciência do que aconteceu, e voltou com toda a sua ira sobre vocês!

— E o nosso lar foi desmantelado por ele! – exclamou tristemente Luís.

— Justamente! Mas a mãe que ama todos os seus filhos, tanto os bons quanto os rebeldes, tanto o que ofende quanto o ofendido, pediu para vir ajudá-los. Algum pouco

Renascendo do Ódio | 251

conseguiu, mas falta muito ainda! Com vocês foi mais fácil, e hoje se encontram unidos novamente e felizes! Entretanto, infelizmente, Cláudio tem se mostrado renitente e não aceitou nenhuma espécie de ajuda.

— Então ele continua aqui?

— Sim! Mas, por enquanto, estamos conseguindo nulificar a sua influência sobre vocês, por isso estão bem! Todavia, não sabemos até quando será dominado! Mesmo que o levemos obrigado, ele poderá retornar e o seu ódio será maior e sua ação muito mais intensa!

— Então nunca nos libertaremos dele?

— Eu não disse isso! Um jeito há, muito feliz para todos, que fará dirimir o ódio e colocar em seu lugar muito amor! Tanto dele para com vocês, quanto de vocês para ele!

— Que jeito é esse, se nada conseguiram?

— É para isso que aqui estamos, mas nada poderemos fazer sem o consentimento de vocês!

— O que pretende que precisa do nosso consentimento?

— Ainda um instante! É necessário que esclarecimentos outros sejam feitos e lembranças trazidas, para que as devidas considerações e ponderações possam despertar em seus corações a responsabilidade e o desejo de auxiliar.

— De que fala?

— Preciso, antes de tudo, lembrá-lo mais uma vez daquele dia fatídico, causa de todo o transtorno e desequilíbrio sofrido por este lar!

Luís, atento e pensativo, não havia compreendido

252 | **Wanda A. Canutti** pelo espírito *Eça de Queirós*

ainda onde irmão Aprígio desejava chegar, e deixou-o prosseguir com suas considerações.

— Se preciso é que lembremos daquele fato, é para que tudo fique muito claro em suas mentes e os auxilie na resolução que deverão tomar! Sem que nos alonguemos, citando outras encarnações nas quais você e Cláudio já conviveram, e compromissos também foram assumidos de ambas as partes, vamos nos limitar apenas a esta existência.

Luís e Helena prestavam muita atenção, sem terem ainda percebido a razão daquelas referências, enquanto irmão Aprígio continuava:

— Cláudio não acumulava ainda, no Espírito, a virtude da responsabilidade que deve nortear todo o homem de bem e de caráter, não sentia o dever do bom comportamento como norma de vida, mas, como jovem que era, muito ainda teria para viver e muitas oportunidades lhe seriam oferecidas... Não sabemos como as aproveitaria, e até seria provável que se regenerasse, que se sentisse responsável, constituísse a própria família e retornasse ao Plano Maior, modificado e ressarcido de muitos débitos. Contudo, não houve essa oportunidade!

— Eu o impedi, não é mesmo, irmão?

— Mesmo sem ter tido a intenção, mesmo sem ter premeditado, o ato fatídico e insano foi praticado e todas as suas possibilidades, interrompidas. Além disso, uma agravante muito séria complicou a situação — o seu regresso, o ódio que traz no coração, o desejo de vingança, que só não tem sido mais colocado em ação, graças ao amor de sua mãe e à ajuda que ela lhes tem dado.

— Compreendo a minha responsabilidade e, se algo eu puder fazer para ressarcir um pouco da minha culpa...

— Lembre-se, também, de que, se antes nada fora planejado, não podemos dizer o mesmo quanto à sua responsabilidade perante os homens! Sabemos que sempre foi um homem de bem, íntegro e de princípios rígidos, e se aproveitou do bom conceito de que desfrutava para eximir-se de culpas. Perante Deus, tem sua responsabilidade, e nenhum plano, por melhor que tenha sido arquitetado, o fará fugir do compromisso assumido, não obstante perante os homens você tenha ficado ileso.

— E por isso minha culpa é ainda maior! As suas lembranças e as suas considerações, fazem-me sofrer!

— Não foi para isso que vim, mas para ajudá-los!

— No início desta conversa falou em consentimento...

— Sim! Temos um plano de auxílio tanto para você quanto para Cláudio! Se concordar com ele, suas culpas serão amenizadas e, quiçá, dirimidas... O ódio dele se transformará em amor, e uma situação que poderia levar séculos para ser resolvida, poderá sê-lo em muito pouco tempo!

— Estamos ansiosos! — falou pela primeira vez Helena.

— Compreendo a sua ansiedade, uma vez que em seu coração não há culpas, apenas ressentimentos! Até esses serão desvanecidos e transformados em amor, se concordar em auxiliar o seu marido nessa situação, bem

254 | **Wanda A. Canutti** pelo espírito *Eça de Queirós*

como o Espírito de Cláudio que também a julga culpada indireta de tudo o que lhe aconteceu.

— Não é hora já de lhes expor o que pretendemos, irmão Aprígio? – indagou, interferindo, a mãe de Luís.

— Sim, chegou o momento! Porém, se não fizesse essas considerações preliminares, eles não compreenderiam o âmago mais profundo das nossas boas intenções.

— Então fale, irmão! Estamos preparados e, se de nós precisar, estaremos prontos! — manifestou-se Luís.

— Quero ainda preveni-los de um pequeno detalhe de bastante importância, mas antes preciso ouvir de vocês a resposta à pergunta que vou fazer de forma direta e objetiva. Ouçam-me com atenção e reflitam em cada palavra aqui explanada, antes de responderem: — vocês estão dispostos, para o bem de todos, a receberem o Espírito de Cláudio em seu seio de amor, como um filho querido?

— Cláudio, nosso filho!? — exclamou Helena, antes mesmo de qualquer reflexão.

— Foi a única forma que encontramos de transformar o ódio em amor filial, e as mágoas e ressentimentos em amor paternal e maternal.

Helena olhou para Luís que, pensativo e surpreso, mantinha-se calado, mas, logo em seguida, indagou:

— Como um ódio tão profundo poderá transformar-se em amor, apenas por estar em nossos braços como filho?

— Lembre-se de que temos recursos! Nenhum Espírito retorna para nova existência, sem que toda a sua vivência anterior fique esquecida. Ele passará por uma preparação intensa, durante a qual tomaremos essa providência, e a sua nova vida será um recomeço. Caberá a vocês conduzi-lo de tal forma, para que, mesmo inconscientemente, esse ódio não retorne e lhes cause problemas!

— Nenhum pai ou mãe resiste à pureza de um sorriso do filho; nenhum filho é insensível aos cuidados e ao amor que os pais lhe dedicam, e também aprende a amá-los! — explicou a mãe de Luís.

— O senhor falou em um ponto importante, que compreendo, serão dificuldades.

— Justamente! Mesmo passando pelo esquecimento, seu Espírito traz, armazenadas, as lembranças do que viveu, e, a qualquer momento, diante de alguma situação, sem mesmo saber por que, a revolta poderá tomar conta do seu ser, mas logo passará. Se vocês souberem conduzi-lo bem, com amor e uma boa educação cristã, terão, ao final, um Espírito redimido que se esquecerá completamente do que houve. E, mesmo que se lembre, não terá mais importância, porque, se por vocês ele perdeu a oportunidade de uma existência, por vocês mesmos novas oportunidades lhe foram abertas! Compreendem a beleza desse plano, e o alcance profundo que traz em si? Não é apenas para resolver uma situação momentânea, mas terminar de vez sérios compromissos.

Luís e Helena ouviram atentamente toda a exposição, fizeram algumas indagações, mas, se perscrutarmos o coração de Helena, perceberemos nele um certo medo.

Ser novamente mãe era o seu desejo, e ela sabia, o de Luís também, contudo, como receber Cláudio como filho?

256 | **Wanda A. Canutti** pelo espírito *Eça de Queirós*

Como tê-lo nos braços, dispensando-lhe o amor que é tão natural da mãe para o filho, se traziam tantas lembranças amargas de momentos tão difíceis?

Percebendo esses sentimentos, irmão Aprígio voltou a manifestar-se:

— É muito natural que o receio tome conta de seus corações, neste momento, e não posso afirmar que a experiência será fácil e haverá somente demonstrações de amor! Não! Haverá situações difíceis, natural entre pais e filhos, e que ocorrem na maioria dos lares. Entretanto, nenhum problema, nenhuma dificuldade lhes será mais penosa, do que se ele permanecer com o Espírito repleto de ódio e em liberdade! A reencarnação é a oportunidade abençoada, concedida por Deus, para que os problemas sejam resolvidos e as dificuldades aparadas. Por mais difícil que possa lhes parecer, ele estará sob seus olhos, sendo reeducado em novas oportunidades, o que nada representará se comparado ao que ele poderá fazer, liberto em Espírito! Lembrem-se disso!

Luís também vacilava mas sentia-se responsável e deveria colaborar, senão com Cláudio, para o qual ainda não tinha aquele terno sentimento de pai, mas consigo mesmo, pela vida que lhe devia. Depois de pensar alguns instantes, Luís voltou a falar, indagando:

— Se ele deverá passar pelo esquecimento na sua preparação para essa nova existência, se lhe dermos a oportunidade, como ficaremos nós? Eu e Helena temos, pelas suas explicações, muito claro em nossos Espíritos, o que nos aguarda! Eu sei da minha responsabilidade, ela sabe dos sofrimentos por que passou...

Renascendo do Ódio | 257

— Eu sei onde quer chegar! Teme também as lembranças!

— Entendeu-o bem!

— Ele não será consultado, que não tem condições de decisão, mas vocês têm, bem claro aos seus Espíritos, o que acontecerá! Se ele deverá passar pelo esquecimento do que houve, vocês também, ao regressarem aos seus corpos, nada se lembrarão desta conversa! Quando o receberem nos braços, o farão com muito amor, sem saberem que Espírito anima aquele corpinho tenro e tão dependente, que fizeram vir à luz!

— É sempre assim que ocorre! — interferiu sua mãe.

— Você já imaginou se em cada lar onde uma criança é recebida com alegria e amor, cada um soubesse de todos os laços que os ligaram anteriormente àquele Espírito que chega, nem sempre laços só de amor?

— O esquecimento é a bênção da oportunidade, do recomeço, do ressarcir de débitos! Não tenham esses receios! Vocês o receberão com muito amor como receberam Cecília! Será como um primeiro encontro, tanto dele para com vocês, quanto de vocês para com ele. Se assim não fosse, Deus não seria todo sabedoria, pois colocaria nos lares, elementos de confusão, desordem e discórdia, fazendo continuar ódios antigos, acirrando-os ainda mais! Da forma como Ele procede, porém, as oportunidades se fazem, e, ao final da existência, não existe mais ódio que resista a tanto amor que foi vivido.

— Mas sabemos que há criaturas difíceis e rebeldes como Cláudio mesmo o foi! — expressou-se Luís.

258 | **Wanda A. Canutti** pelo espírito *Eça de Queirós*

— Sim, mas cabe aos pais orientar e educar os filhos, procurando o melhor para eles! Contudo, se rebeldes, eles nada aceitam, pelo menos o dever dos pais foi cumprido, e o amaram do mesmo modo, sem nunca terem sabido quem ali se encontrava animando aquele corpo! Não lhes cabe, se assim ocorrer, nenhuma responsabilidade. Não se esqueçam de que são oportunidades de felicidade pelos resgates de dívidas passadas!

Luís olhou para Helena, e ela, encontrando o seu olhar, disse-lhe:

— Por tudo o que nos foi exposto, penso que devemos aceitar!

— Você se sujeitaria a tê-lo no mais íntimo do seu seio materno? — indagou Luís.

— Nós o ajudaríamos a se reequilibrar, e você também, com a sua orientação de pai íntegro, o colocaria no caminho do bem, sem falarmos do compromisso que tem para com ele.

A mãe de Luís aplaudiu intimamente as palavras de Helena, e Luís, sem mais delongas, exclamou:

— Nós aceitamos!

A alegria coroou o momento! Irmão Aprígio e a mãe de Luís agradeceram-nos efusivamente, prometendo ajudá-los nas dificuldades e, antes de se retirarem, irmão Aprígio ainda falou:

— Tudo o que farão, ajudará Cláudio, mas muito mais benéfico será a vocês mesmos!

CAPÍTULO 19

Renascendo do ódio

Irmão Aprígio e a mãe de Luís retiraram-se do quarto, e o casal que havia deixado o corpo para a liberdade do Espírito e o repouso daquele que lhes servia de instrumento naquela existência, saiu e foi para o céu aberto.

Do lado de fora do quarto, alguns membros da equipe que viera em trabalho, aguardavam-nos em preces, enquanto Juvenal permaneceu com Cláudio.

Reunindo-os, irmão Aprígio convidou-os para acompanharem-no ao quarto do rapaz, e lá, junto também de Juvenal, expôs o que haviam conseguido.

— Então poderemos já começar a preparar o Espírito Cláudio para sua próxima reencarnação? — indagou um dos componentes do grupo.

— É o que teremos a fazer! Algumas medidas, entretanto, ainda deverão ser tomadas, e vocês sabem quais são!

Um dos acompanhantes, adiantando-se, falou:

260 | Wanda A. Canutti pelo espírito *Eça de Queirós*

— Como este não é o primeiro trabalho que realizamos a domicílio, e sempre em condições quase idênticas, precisamos começar por isolar este ambiente.

— Justamente! O nosso trabalho, a partir de agora, será efetuado diretamente com Cláudio, e este local deverá estar purificado com fluidos salutares, para que nada impeça ou dificulte a nossa ação. Os que já sabem como proceder, nesta noite mesma tomarão essas providências e cuidarão, durante o dia, para que os habitantes da casa se esqueçam deste quarto e aqui não entre ninguém!

— Temos prática e essa tarefa não nos oferecerá dificuldade!

Juvenal, presente, sem nunca ter participado de atividade semelhante, admirado, mas prestativo, falou a Aprígio:

— Gostaria, também, de ser útil! Não tenho o conhecimento nem a destreza para todos os procedimentos necessários, mas estarei à disposição para ajudar.

— A sua colaboração nos será importante! Não dispensamos ninguém que trabalhe com amor! Assim que o ambiente estiver propício, despertaremos Cláudio, e o colocaremos a par do que acontecerá. Como tem se mantido indiferente até aqui, poderá não se manifestar, mas poderá revoltar-se, porém, ele não terá opção!

— Não será possível realizar essa operação sem que ele saiba?

— É necessário que ele tome conhecimento do que ocorrerá, mesmo vendo-se impedido de qualquer reação! Ele precisa saber das resoluções tomadas, uma vez que nada aceitou. É importante, também, para que sua vida, depois do nascimento, seja plena e não uma ilusão! Tudo o que for conseguido, depois, tanto pela dedicação dos pais, quanto pelos seus próprios esforços, não obstante o esquecimento, será muito mais benéfico e profícuo ao seu Espírito!

— Não é muito fácil compreender todas essas sutilezas! — expressou-se Juvenal.

A mãe de Cláudio, sem interferir, temeu pelo momento da revelação. Compreendendo seus receios, irmão Aprígio preveniu-a, avisando-a:

— Precisaremos muito do seu concurso com todo o seu amor de mãe, para que ele, tendo recusado qualquer auxílio até agora, qualquer oportunidade de modificação, não se rebele!

— Não será fácil, tanto para Cláudio quanto para Luís e Helena, quando ele nascer!

— Eu diria que não será fácil mesmo antes do nascimento!

— Como assim? — indagou ela surpresa.

— Quando um Espírito reencarnante sente-se preso a alguém de quem não gosta, de quem traz mágoas ou por quem sente até ódio, a mãe que o abriga, nem sempre passa bem! Muitas vezes o período de gestação apresenta-se difícil, mas ela terá o nosso amparo, sobretudo o seu, se quiser permanecer neste lar em auxílio!

— Tudo o que mais desejo neste período de dificuldades, é ajudar meus filhos a se reencontrarem com amor, dirimindo ódios e a se amarem muito.

— Penso que já podemos iniciar o primeiro procedimento! Pediria que todos permanecessem ao redor do leito do jovem, em preces, que eu irei despertá-lo!

262 | **Wanda A. Canutti** pelo espírito *Eça de Queirós*

— Por quanto tempo ele estará desperto? — indagou Juvenal.

— O necessário para contar-lhe o que acontecerá, até promovermos, aos poucos, o seu esquecimento de tudo! Nenhuma iniciativa dessa natureza poderá ser tomada com um Espírito adormecido! O trabalho será intenso e não tão rápido, por isso peço a ajuda de todos!

— Faremos o melhor de nós! — exclamaram alguns em conjunto.

Postado à cabeceira do necessitado, irmão Aprígio, antes de despertá-lo, dirigiu-se a Jesus em profunda prece, pedindo o seu concurso para que mais um irmão seu pudesse ser trazido de volta ao seu aprisco de amor.

Pouco antes de concluir suas palavras, colocou as mãos sobre a cabeça de Cláudio, e, aos poucos, para surpresa dos presentes, ele foi despertando. Abriu os olhos, olhou em torno, mas manteve-se calado. Parecia ainda perturbado pelo sono e não sentia com clareza o que estava se passando.

Percebendo, irmão Aprígio começou a falar-lhe com doçura, demonstrando alegria por ali estar. E, sem que o jovem se chocasse ou reagisse, foi lhe comunicando, com muito amor e serenidade, que ele, em vista de ter se mantido renitente nos seus propósitos, não dando oportunidade a que fosse ajudado, como desejavam, uma outra forma de levar a paz ao seu coração havia sido encontrada, extinguindo dele todo o ódio que sentia, substituindo-o por muito amor.

Sem nenhuma palavra ou qualquer outra manifestação

de que estava ouvindo, deixou que irmão Aprígio prosseguisse.

Ao completar, a mãe de Cláudio tomou suas mãos e, mais uma vez falou-lhe com amor, demonstrando que lhe desejava o melhor. Nesse momento, ele virou a cabeça e olhou-a profundamente nos olhos, sem nada dizer.

Irmão Aprígio, diligente, para não haver perda de tempo, começou novos procedimentos, com o propósito de que ele, aos poucos, fosse esquecendo todos os acontecimentos, inclusive a sua vida naquela casa. Seria um trabalho mais vagaroso, e alguns dias tomaria até que seu Espírito tivesse, ao final, condições de iniciar uma nova experiência terrena, à semelhança de um livro cujas letras das páginas fossem se desvanecendo aos poucos, consumindo as palavras, deixando-as brancas e limpas, para que novas histórias nelas pudessem ser escritas.

Assim é o nosso Espírito! — Um livro, no qual histórias são escritas e apagadas, mas ele continua íntegro nas suas possibilidades, guardando, porém, no mais profundo de suas páginas, as marcas dos fatos que foram inscritos com paixão, ódio e revolta. Um dia, quando aprendermos a transformar os nossos sentimentos e as nossas ações, os fatos sublimes e belos, os acontecimentos de amor e elevação, desfarão de vez aquelas marcas.

Importante é notar-se que nós mesmos preenchemos as páginas do nosso livro, nós mesmos somos os criadores da nossa própria história, e cabe a nós, portanto, dar-lhe um final feliz e alegria às personagens que desempenham seus papéis conosco. Só assim, nunca, nenhuma marca mais profunda, daquelas que levam séculos ou quiçá

264 | **Wanda A. Canutti** pelo espírito *Eça de Queirós*

milênios para serem desfeitas, serão gravadas em nossas páginas. E, nenhuma marca, por menor que seja, é desfeita sem sofrimento.

Alguns dias mais tomou aquele trabalho, como se o cérebro de Cláudio, detentor das lembranças, e o seu coração, escaninho dos sentimentos, fossem, aos poucos, sendo purificados e limpos, e um novo ser ali fosse surgindo.

À medida que o esquecimento ia se processando, ele ia alheando-se de si mesmo, preparando-se para receber novas impressões. Era o milagre que o Pai magnânimo e bom estava promovendo pelas mãos daqueles que, junto dele, se empenhavam para que novas oportunidades lhe fossem oferecidas, sem que nada do que tivesse vivido ou sentido, impedisse a sua próxima caminhada terrena em busca de aprimoramento e progresso.

Caso ele conseguisse, no transcurso da sua próxima existência, adquirir hábitos mais salutares e ser sensível aos esforços e ao amor que lhe dedicariam, não deixando lembranças e sentimentos menores, sufocados pelas dádivas de Deus, se sublevarem e conturbarem o seu caminho, muito ele ressarciria. O seu retorno ao Mundo Espiritual, ao final da experiência para a qual estava sendo preparado, seria mais tranquilo e proveitoso.

Se ele, como Espírito, fora revoltado, agora tinha-o submisso e quase pronto para ingressar num outro corpo que lhe ofereceria novas oportunidades.

Irmão Aprígio estava feliz com o trabalho efetuado, e muito esperançoso no que lhes faltava realizar.

Junto de Luís e Helena, aquela mãe continuava a lhes influenciar a mente na esperança e na alegria de um

outro filho que lhes chegaria, preparando-os para recebê-
-lo com amor.

Não mais o nome de Cláudio foi mencionado depois daquele encontro em que tiveram a aquiescência dos dois em recebê-lo, e eles mesmos, dele já não se lembravam mais. Assim era necessário. Apenas restara a certeza de que muito breve, um novo bebê encheria os braços de Helena, e o coração de ambos, de muito carinho e amor.

Quase tudo estava pronto!

Cláudio, à medida que as lembranças eram apagadas do seu Espírito, ia ficando como que despersonalizado. Uma argila maleável com a qual novas imagens poderiam ser modeladas.

Ao final do que entenderam como suficiente para vencer aquela etapa, faltava-lhes ainda uma outra providência de capital importância e necessidade — fazer o Espírito Cláudio, que logo teria outro nome para recomeçar sua nova existência, se adequar às proporções de uma criança.

Ele seria plasmado de modo a ser adaptado à fragilidade do novo corpinho que se formaria, e esse trabalho seria realizado, sobretudo, no seu perispírito, através de ação magnética.

— Tudo caminha muito bem! — exclamou, ao cabo de alguns dias, a mãe de Cláudio. — Jamais imaginei que tal preparação pudesse ser realizada dentro de um lar, e fora dos domínios circunscritos às atividades especializadas do Mundo Espiritual, onde departamentos equipados são reservados para esse trabalho.

— Deus, na Sua bondade e previdência, estende o Seu auxílio mesmo àqueles que o recusam! Como promover

266 | **Wanda A. Canutti** pelo espírito *Eça de Queirós*

a preparação de um Espírito dessa natureza, em nossos próprios locais, se ele nada aceita, podendo rebelar-se ainda mais e fugir ao nosso auxílio?

— Tem razão! Mais ainda sou devedora dessa graça que Deus me concede e Lhe serei agradecida eternamente!

— Deus sempre ouve os apelos das mães em favor dos filhos, e procura dispensar-lhes o melhor! Ele, como Pai de todos nós, nosso Criador, tem, na Terra, nas mães, a sua representante e emissária!

— O auxílio é sempre um trabalho conjunto de amor, e, no momento em que o realizamos, todos nós somos os emissários de Deus em ajuda a Seus filhos!

— Ninguém imagina, na Terra, que, ao auxiliar um irmão decaído, faminto, triste ou enfermo, está sendo um instrumento do Pai, para reerguer, aliviar ou suprir as necessidades de Seus filhos. Por isso as oportunidades não devem ser desperdiçadas! Deus espera muito de cada um de nós, e nos recompensa além do que merecemos. Quando o mundo se transformar, quando não houver mais o egoísmo e todos se auxiliarem mutuamente, considerando-se irmãos, filhos do mesmo Pai que é Deus, não haverá mais sofrimentos, mas tão somente alegria e felicidade.

— Bem, voltemos ao nosso Cláudio! — exclamou sua mãe. — Quando poderemos entregá-lo a Helena e Luís?

— De nossa parte, muito pouco falta! Mesmo quando ele estiver completamente pronto, deveremos esperar o momento adequado para levá-lo a eles!

— Compreendo! Logo nossa missão, neste lar, estará concluída e partiremos!

— A senhora poderá ficar, conforme já conversamos!

Sua presença será necessária por algum tempo ainda, e ninguém melhor que a senhora, ligada a eles por laços de amor, está apta a dar-lhes força e coragem nos momentos difíceis, pelo menos até quando se completar a adaptação do Espírito reencarnante! Conforme já sabe, apesar de toda essa preparação, de todo o nosso esforço, não lhes será fácil! Cada um guarda, no mais íntimo de seus Espíritos, algumas marcas que poderão, em momentos, os mais imprevisíveis, reavivarem-se e colocar tropeços nos seus caminhos.

— Mesmo assim sou grata a Deus, por permitir essa nova oportunidade a Cláudio, porque, cada dificuldade será uma lição para novos aprendizados, até que, redimidos, todos se entendam e se amem muito!

O tempo transcorreu, completando um mês que o trabalho com Cláudio fora iniciado.

O lar estava tranquilo, e, conforme previram e para o qual se esforçaram, aquele quarto parecia ter sido esquecido pelos habitantes da casa e manteve-se fechado.

Cláudio, sobre a cama, não aparentava mais ser o mesmo. No lugar daquele jovem vigoroso, revoltado e cheio de ódio, jazia uma criança calma em repouso, aguardando o momento de ser entregue aos pais.

— Nada mais nos resta a fazer, senão o entregarmos à futura mãe, a fim de que o aconchegue no mais íntimo de seu ser, enquanto o seu pequeno e tenro corpinho vai sendo formado, obedecendo a todas as necessidades biológicas para uma futura vida, a mais sadia possível, proporcionando-lhe as oportunidades da transformação de si mesmo!

268 | **Wanda A. Canutti** pelo espírito *Eça de Queirós*

— Como essas dádivas de Deus são excelsas, irmão Aprígio! — exclamou a mãe de Cláudio.

— Sim, mudamos o corpo quantas vezes forem necessárias, para que o Espírito, renovado em novas oportunidades proporcionadas pelo esquecimento que lhe favorece um recomeço, como se nunca houvesse vivido antes, se transforme!

— Se cada ser encarnado na Terra, tivesse esse conhecimento, o progresso do Espírito não seria realizado com mais diligência, cuidado e esforço?

— Não resta dúvida! Deus, na sua sabedoria, levará aos homens as revelações no momento em que eles tiverem condições de aceitá-las, e estiverem aptos para promoverem seus próprios esforços com o desejo de aprimorarem o Espírito, como única forma de estabelecerem o lugar para onde cada um vai, depois da morte do corpo.

— Por enquanto, o que se tem conseguido em progresso espiritual, salvo aqueles que trazem uma intuição mais ampla do que lhes espera após a morte, os que se esforçam, fazem-no para ganhar as delícias eternas de um céu de contemplação, ou para evitar as chamas ardentes de um inferno permanente!

— De qualquer forma, essa crença tem se constituído, para a maioria, na causa do seu esforço, a fim de conseguir a felicidade eterna e evitar o fogo do inferno!

— Essa crença irá se modificar? – indagou curiosa a mãe de Cláudio.

— Quando Deus entender que é chegado o momento, muitas revelações serão efetuadas! Entretanto, nem todos acreditarão e continuarão apegados às suas antigas cren-

Renascendo do Ódio | 269

ças, até compreenderem o que os aguarda na verdadeira vida que é a do Espírito, mesmo os que supõem ser, a morte do corpo, o fim de tudo!

Ao chegar a noite, irmão Aprígio decidiu que, se as condições lhes fossem favoráveis, no mais íntimo silêncio da casa, Cláudio seria entregue aos pais.

— Esforçar-me-ei para que nada nos seja contrário, e assim vocês se vejam, também, liberados para partirem e levarem a outros a assistência extraordinária que têm proporcionado a meu filho!

Quando Luís e Helena se recolheram, naquela noite, mais ternos que o comum, irmão Aprígio compreendeu que, de fato, era chegado o momento. Percebendo o carinho mais íntimo entre ambos, o que proporciona ao Pai a oportunidade de ter mais um filho seu trazido para o mundo dos encarnados, ele e todos da sua equipe ficaram a postos.

A mãe de Cláudio, até então, calma e feliz pelo que haviam conseguido, mostrava-se um tanto apreensiva. Irmão Aprígio, percebendo, recomendou-lhe:

— Mantenha a sua calma, que o seu concurso, hoje, será muito importante!

— Terei uma tarefa, também?

— A mais sublime que uma mãe pode desempenhar! Por isso, asserene seu coração, pois tudo está acontecendo dentro do que Deus permitiu!

— O irmão não imagina o receio que me tomou neste momento tão importante!

— Não deve haver receio algum, mas, se falando, alivia-a, pode dizer o que sente!

— Depois de um trabalho intenso, nas condições em

que esse foi realizado, temo que Helena e Cláudio não se adaptem à nova condição, por tudo o que cada um já vivenciou, e ela, inconscientemente, o expulse de si, fazendo perder essa oportunidade!

— Cuidaremos para que nada disso aconteça! A senhora mesma, que permanecerá na casa, estará junto deles e fará com que a sua nora o acalente com amor! Se desejar, Juvenal poderá permanecer em sua companhia, até que se sinta completamente tranquila quanto a esse particular!

— Se me fosse permitido tê-lo comigo por mais algum tempo, eu agradeceria bastante!

— Esqueça todos esses temores porque precisamos muito do seu auxílio, agora!

— Falou que terei uma tarefa também!

— Sim! Quando recebermos o aviso de que poderemos levá-lo, desejo que a senhora, que tanto se empenhou para ajudar seu filho, leve-o em seus braços de mãe e entregue-o a Helena, sua nova mãe!

Sem muita demora irmão Aprígio recebeu a comunicação de que tudo estava favorável para que Cláudio fosse levado.

O momento foi de muita emoção. Era o coroamento de um trabalho que lhes tomara os esforços por algum tempo, e, naquele instante, se concluiria. A alegria era geral.

Irmão Aprígio olhou para a mãe de Cláudio, dizendo-lhe:

— Agora a tarefa é sua!

E aproximando-se do leito onde aquele Espírito transformado e inconsciente jazia, ele tomou-o com bastante carinho e cuidado, como se toma um ser muito querido, e depositou-o nos braços da mãe, que, apesar de feliz, mantinha os olhos úmidos pela emoção.

Ela aconchegou-o ao peito com muita delicadeza, como se tivesse receio de que ele despertasse e ressurgisse como o antigo Cláudio, beijou-o ternamente e caminhou em preces, junto de irmão Aprígio, levando-o.

Os outros componentes do grupo esperavam-nos à porta do quarto, em preces também, e, com o coração feliz, receberam-na, abrindo uma ala para que ela passasse.

Irmão Aprígio entrou primeiro e ela o seguiu, levando nos braços aquele que logo entregaria à sua nova mãe. Caminhando devagar, pedia a Deus que o colocasse nessa oportunidade, protegendo-o e velando para que ele não falhasse, e conseguisse ser dócil e submisso aos seus preceitos, para ter uma existência feliz e de muito benefício ao seu Espírito.

O grupo permaneceu em preces e seguiu-a, circundando o leito onde jaziam aqueles que o receberiam como filho.

O precioso ser que ela levava continuava em seus braços, enquanto irmão Aprígio, aproximando-se de Helena, desperta mas já em repouso, colocou uma de suas mãos sobre sua cabeça e a outra na do Espírito reencarnante, e começou a proferir uma prece com profundo amor, desejando uni-los, primeiro em Espírito, para depois ligá-los em matéria:

— *Pai Eterno, de amor, sabedoria e justiça! Vós, que nos permitistes trabalhar em vosso nome, como um emissário vosso, nesta tarefa de amor, auxiliai-nos, neste momento de tanta importância, quando um filho vosso terá nova oportunidade terrena!*

"Fazei, Pai, com que possamos promover a ligação entre mãe e filho, não só a dos corpos, mas muito mais a de seus Espíritos! Se a mãe é necessária para que um Espírito venha à luz, depois de abrigá-lo durante o tempo de formação de seu corpinho, a ligação de seus Espíritos é de muito maior importância! Uma lhe dá a bênção da vida, mas a outra lhe dará os novos direcionamentos e o reconduzirá ao caminho reto que leva a Vós!

"Se divergências houve num passado, ou problemas mais recentes causaram dissabores em cada um, que, neste momento, pelo vosso amor, eles possam ser dirimidos e, como um livro em branco, cada um comece a preencher suas páginas com atos de amor, resultado dos bons sentimentos que seus corações abrigam!

"Amparai-nos, pois, Pai da Vida, a fim de que possamos ligá-los plenamente, por vossa vontade, tanto seus Espíritos quanto seus corpos, para que, ao final, o amor vença, que só por ele chegaremos a Vós!"

Terminada esta prece, ele estendeu os braços, nos quais a mãe do até então Cláudio depositou o filho para ser entregue à futura mãe.

Com o auxílio dos outros membros da equipe, mais especificamente de um especializado nesse particular, aquele Espírito foi sendo ligado à mãe, com muito amor, e passaria, daquele momento em diante, a participar do desenvolvimento de seu novo corpo, que, não obstante ainda apenas nos primórdios do embrião, começava a ter vida, no grande milagre de amor que Deus nos proporciona...